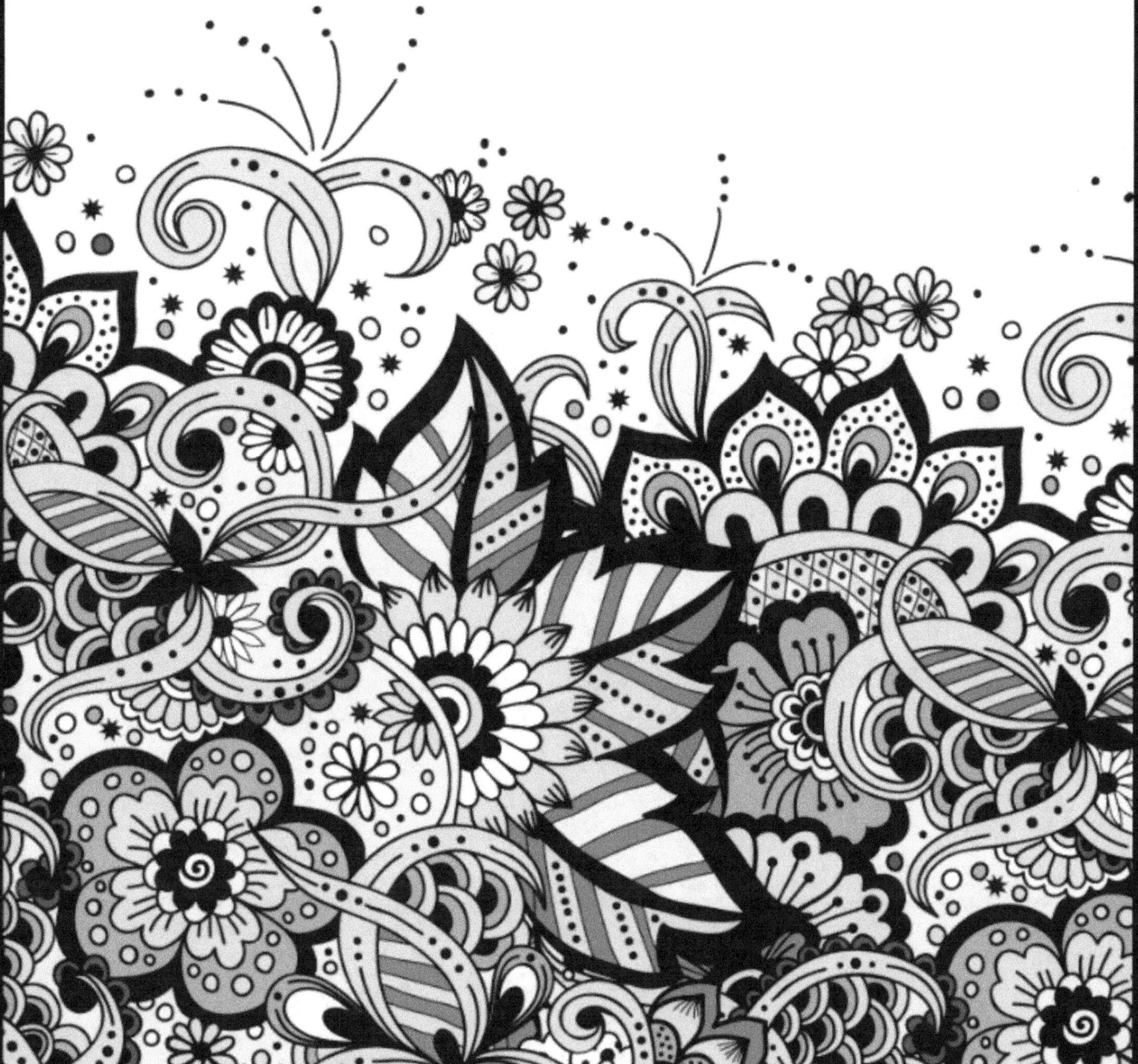

# Color Test Page

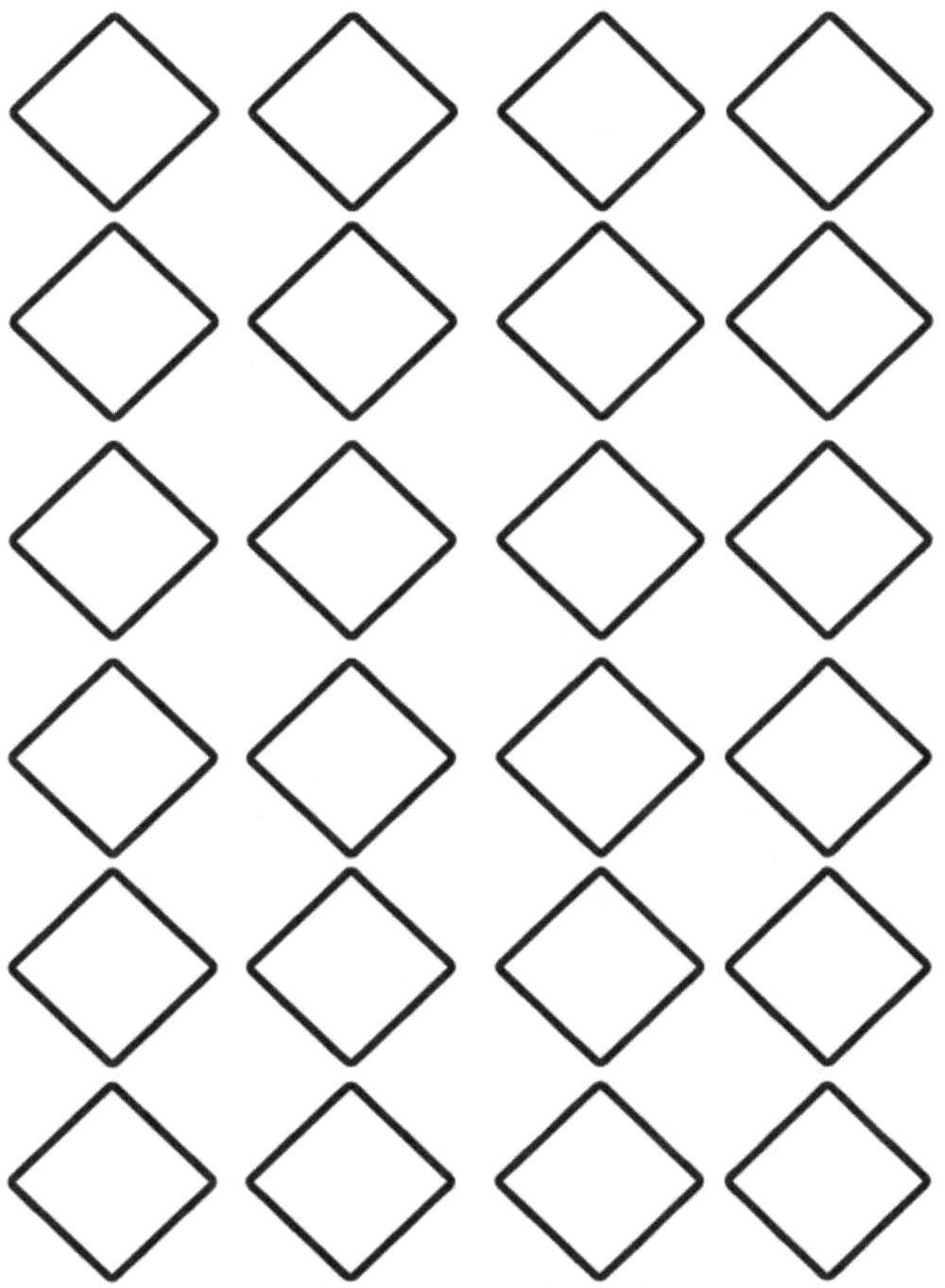

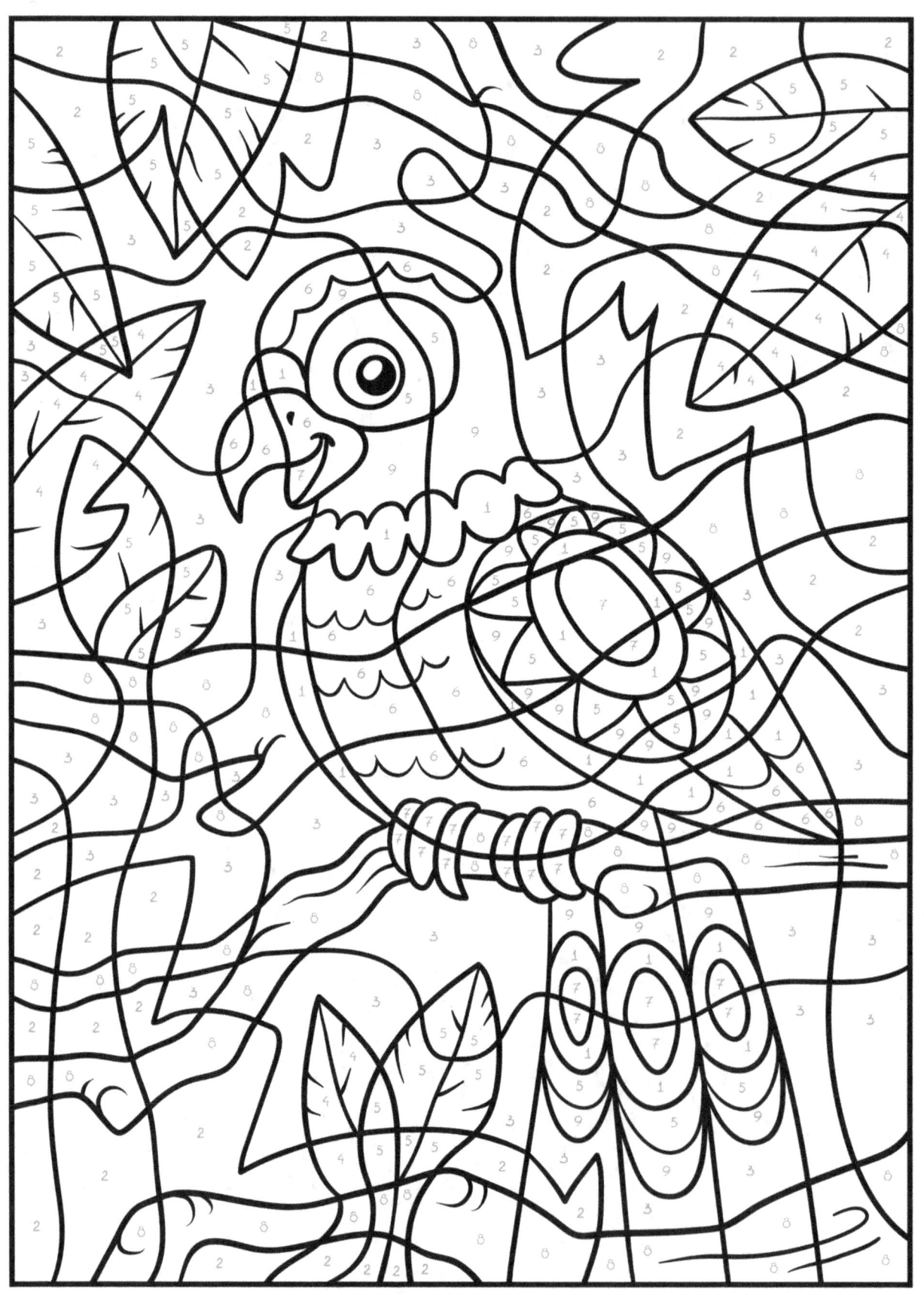

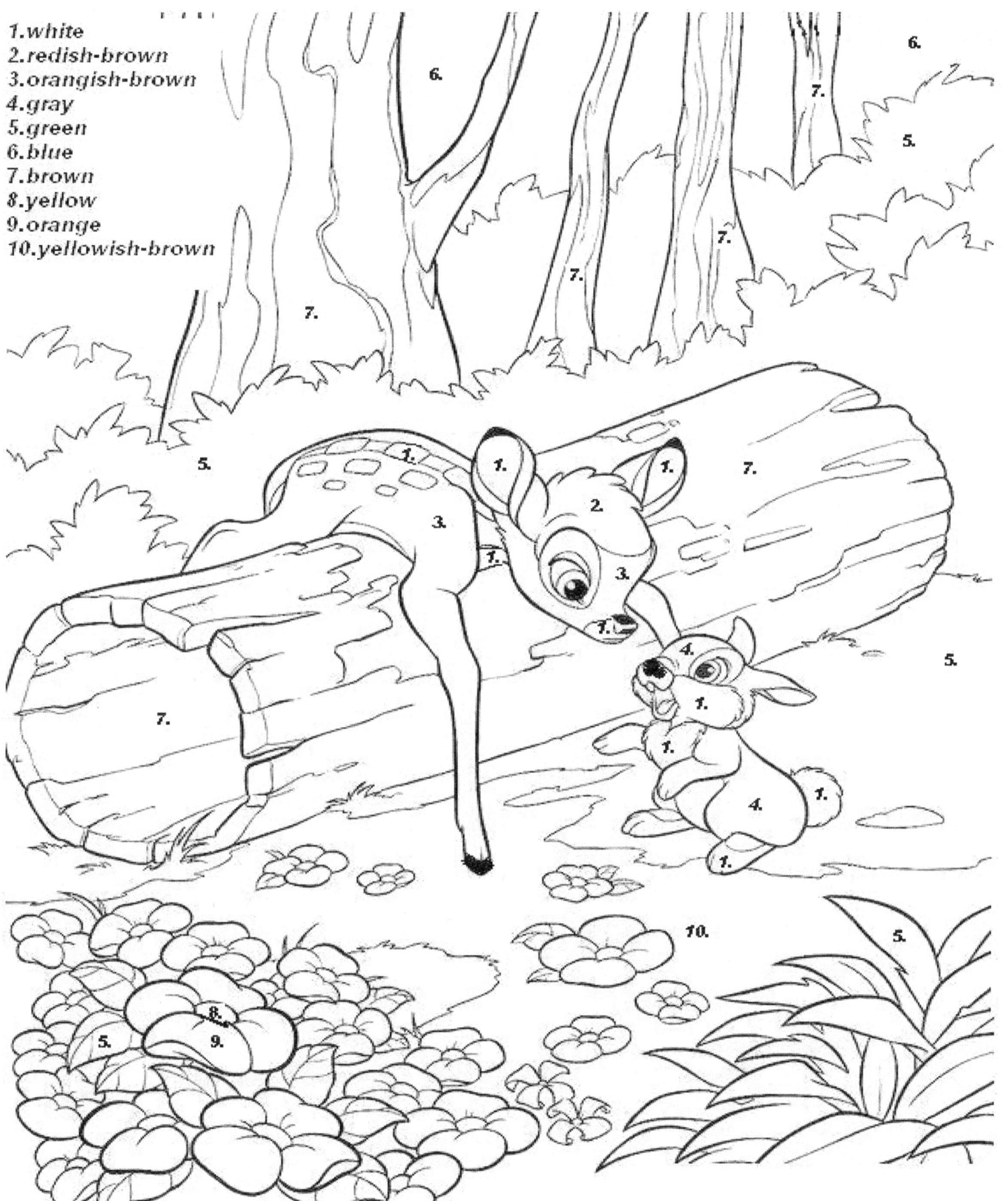

1.white
2.redish-brown
3.orangish-brown
4.gray
5.green
6.blue
7.brown
8.yellow
9.orange
10.yellowish-brown

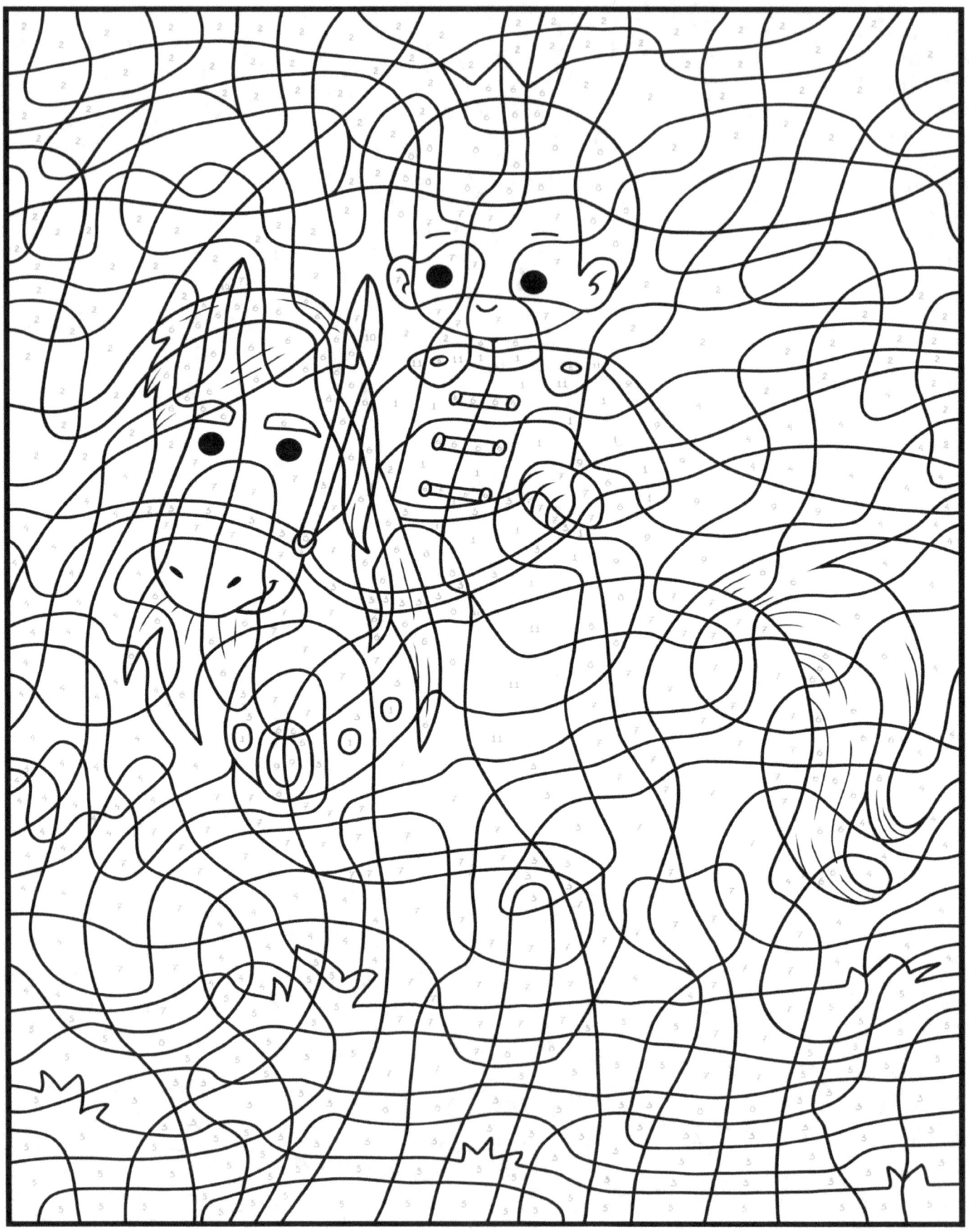

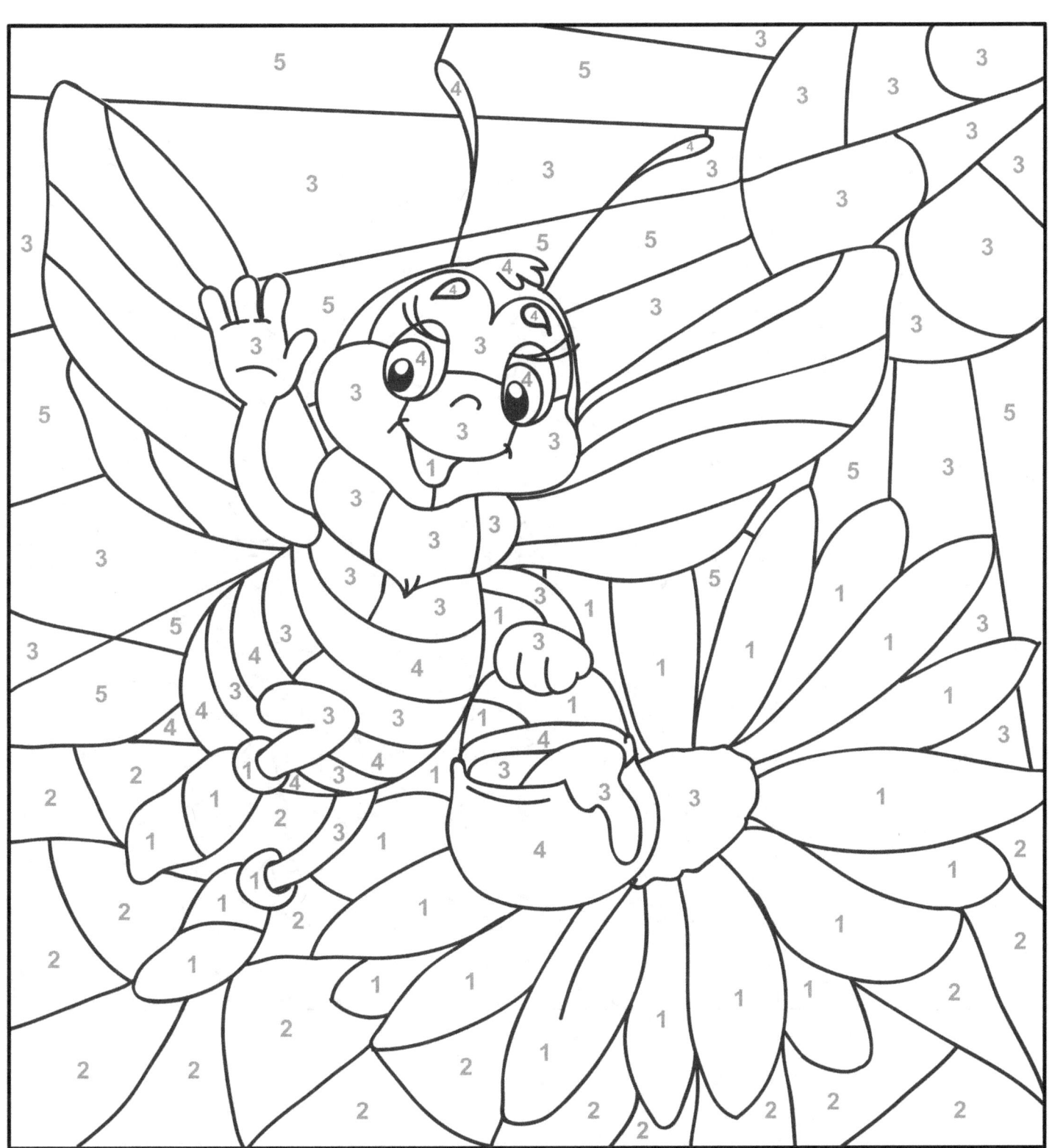

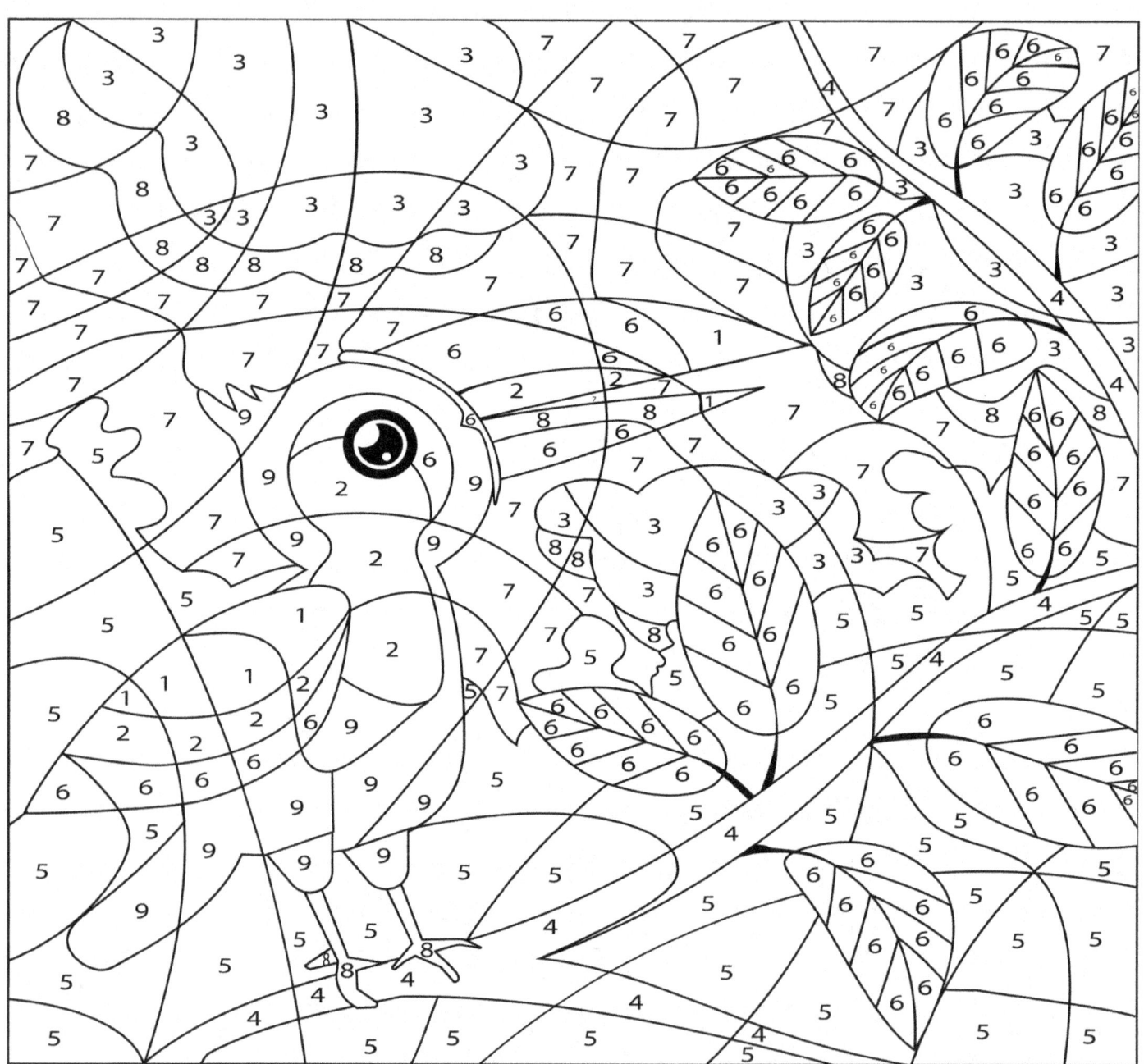

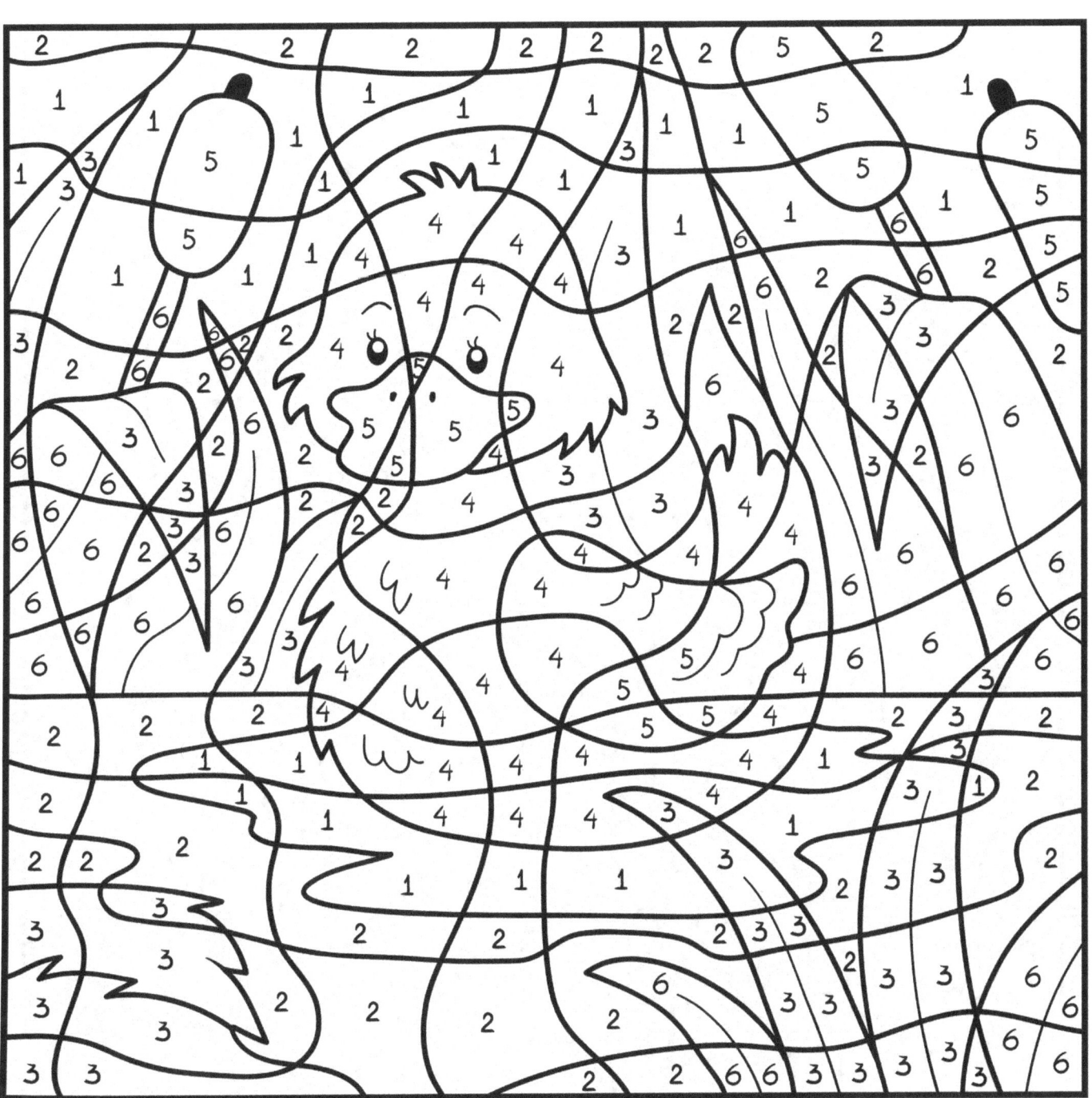

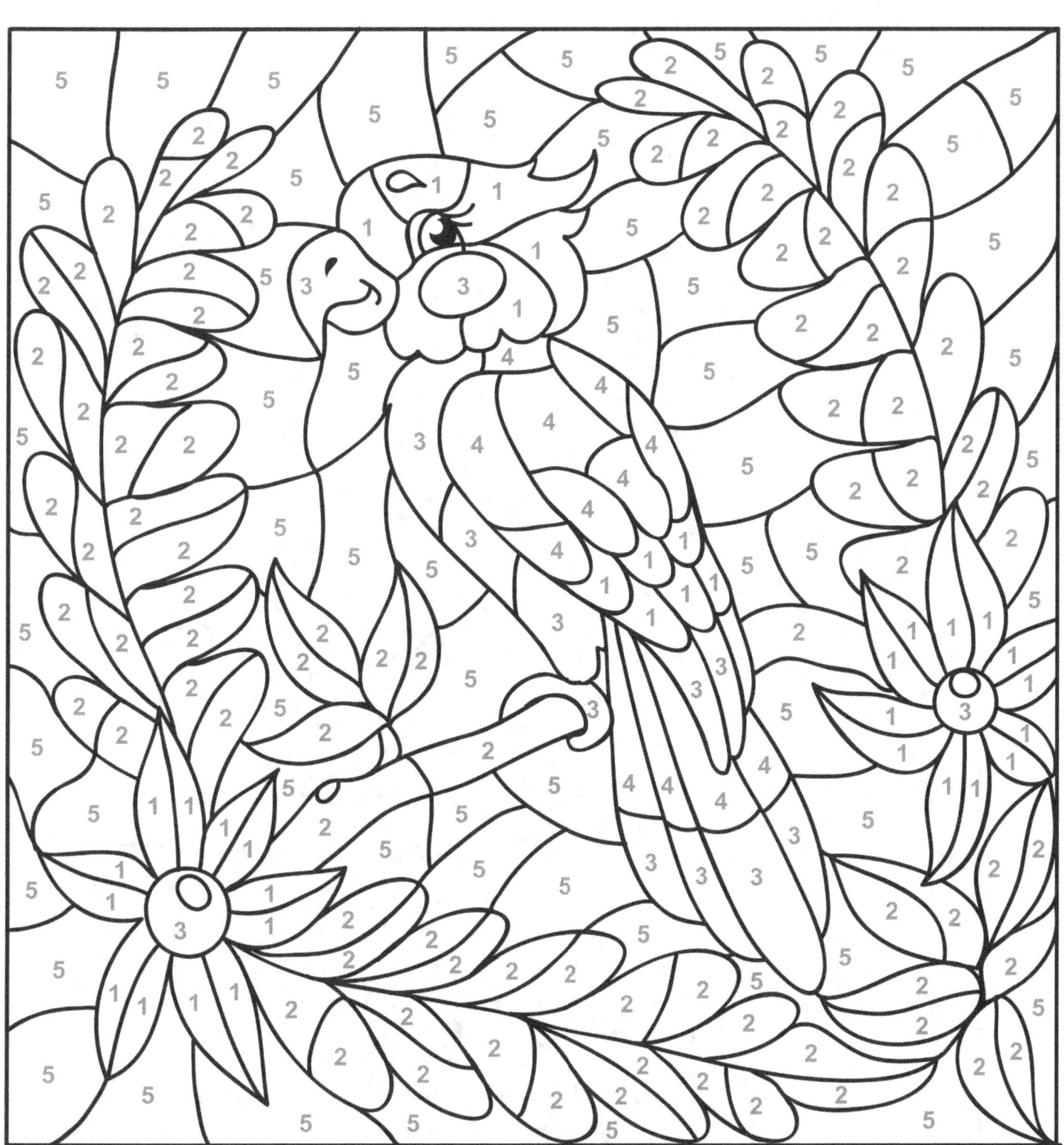

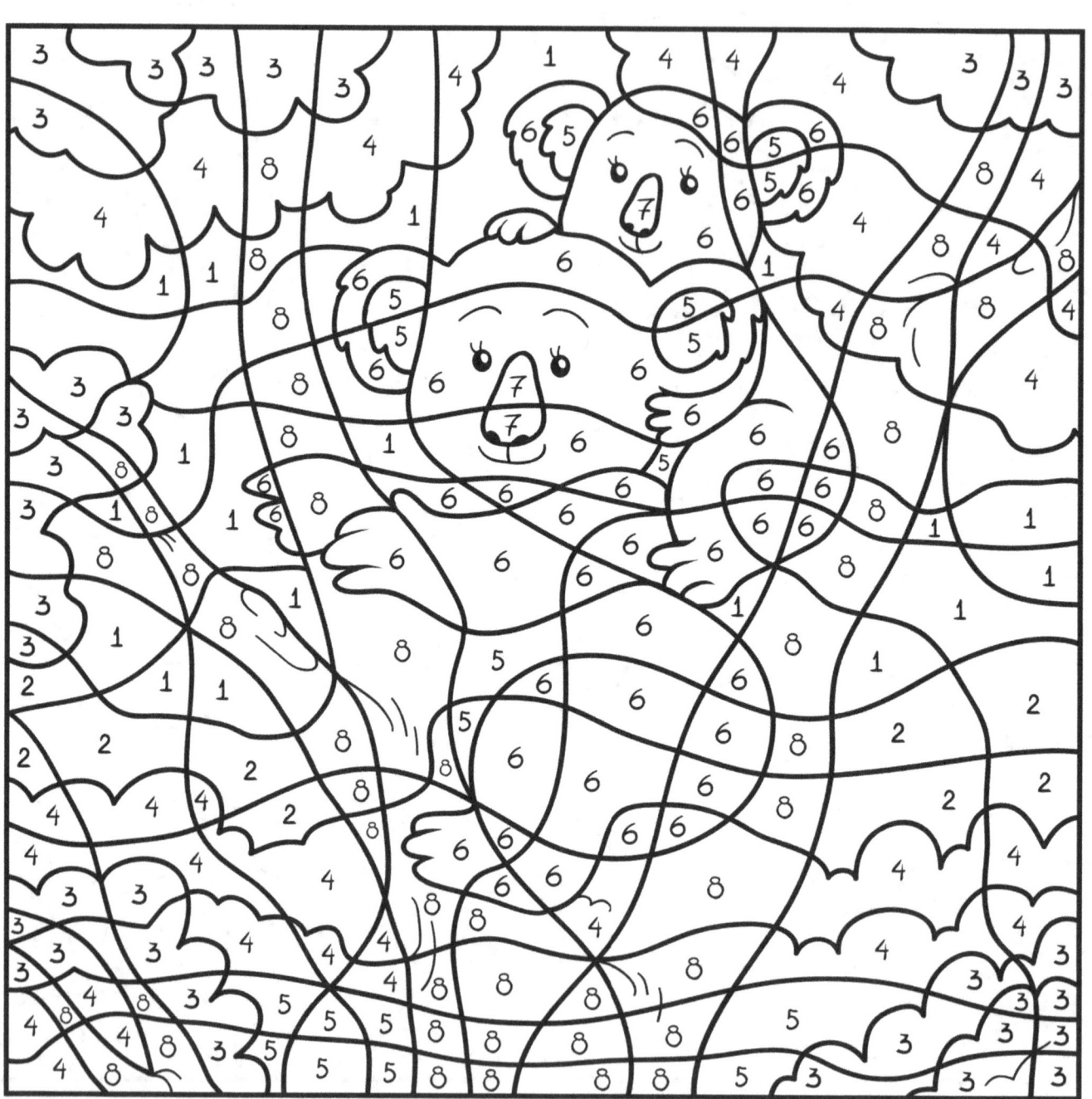

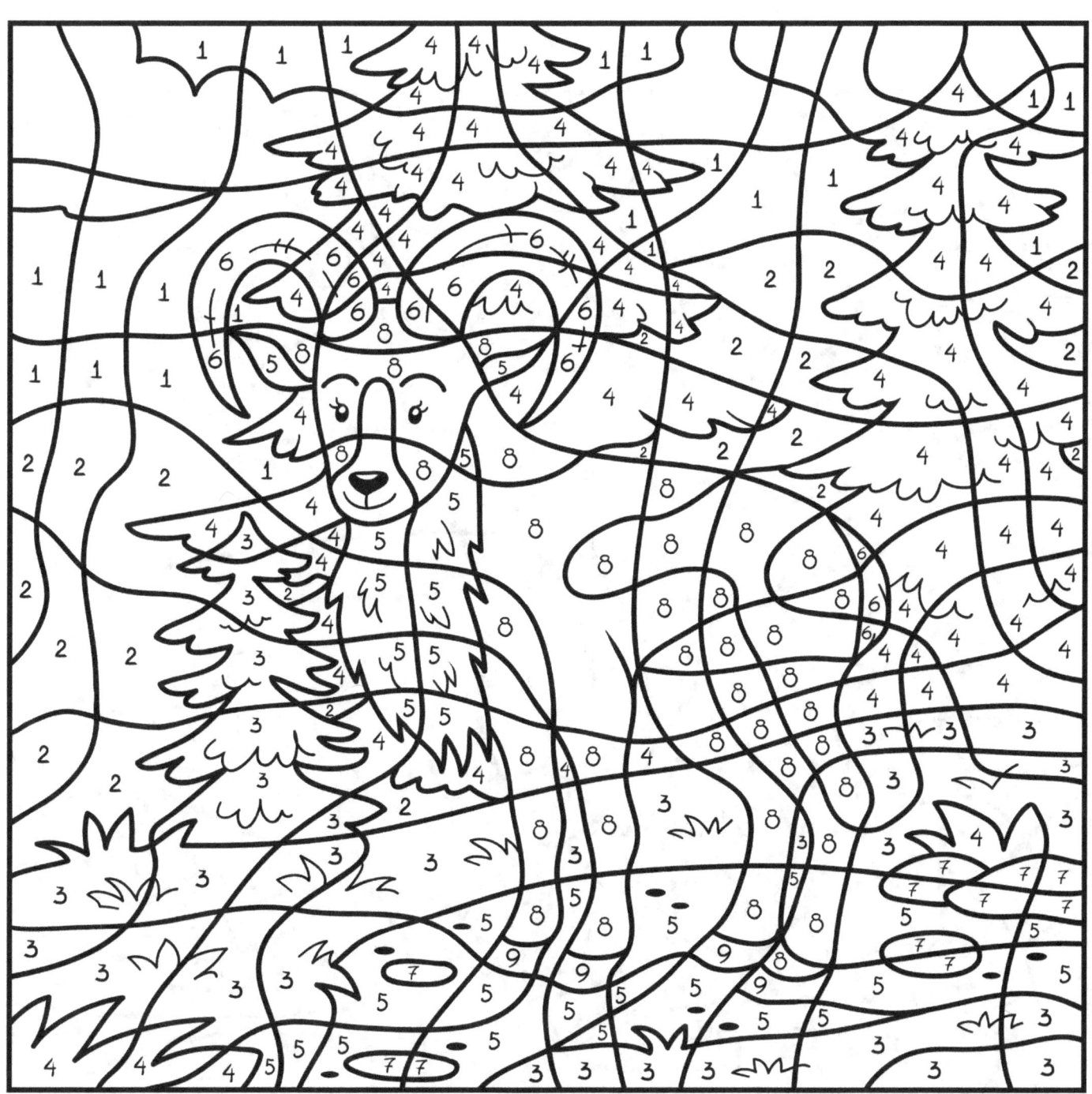

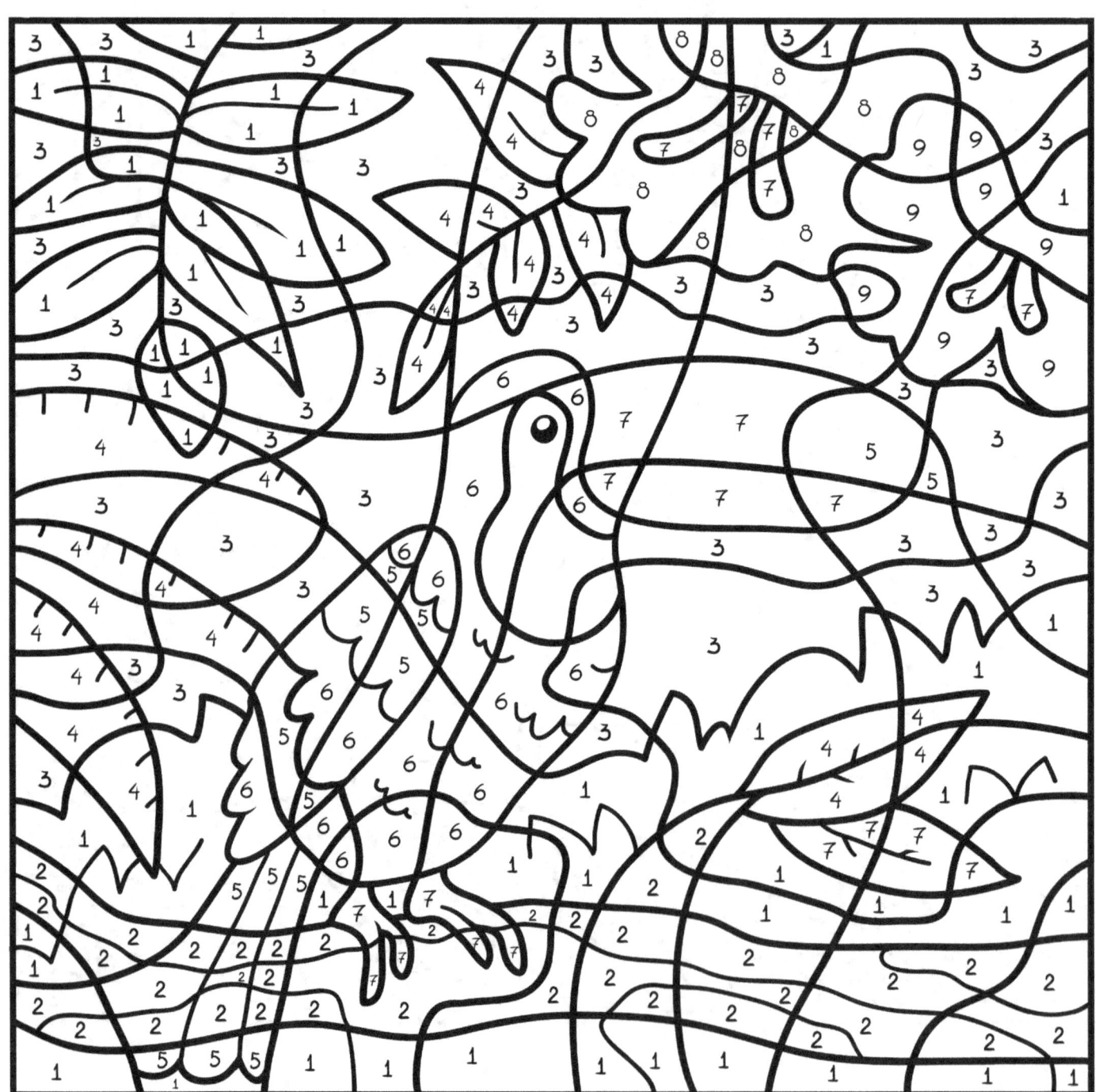

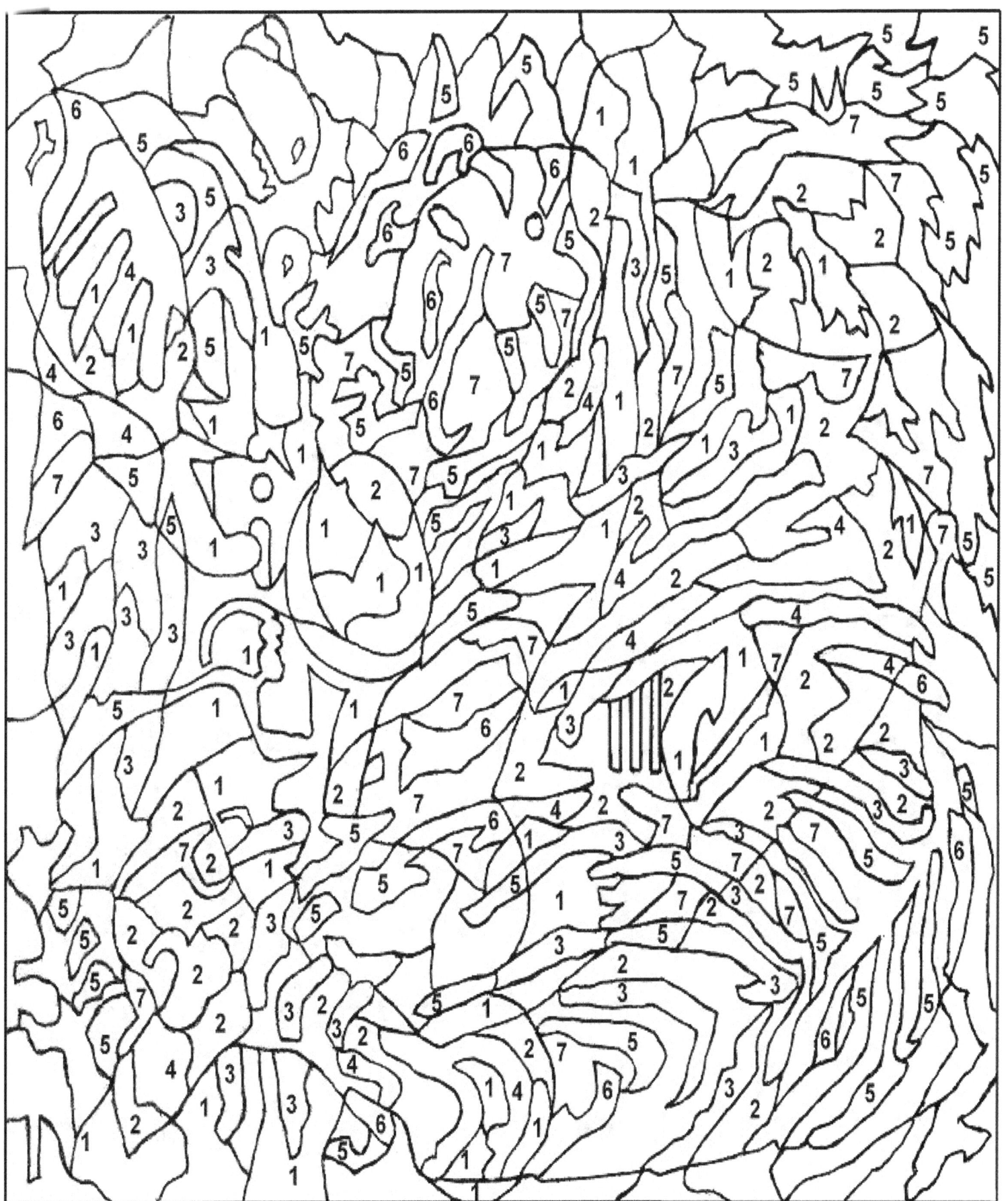

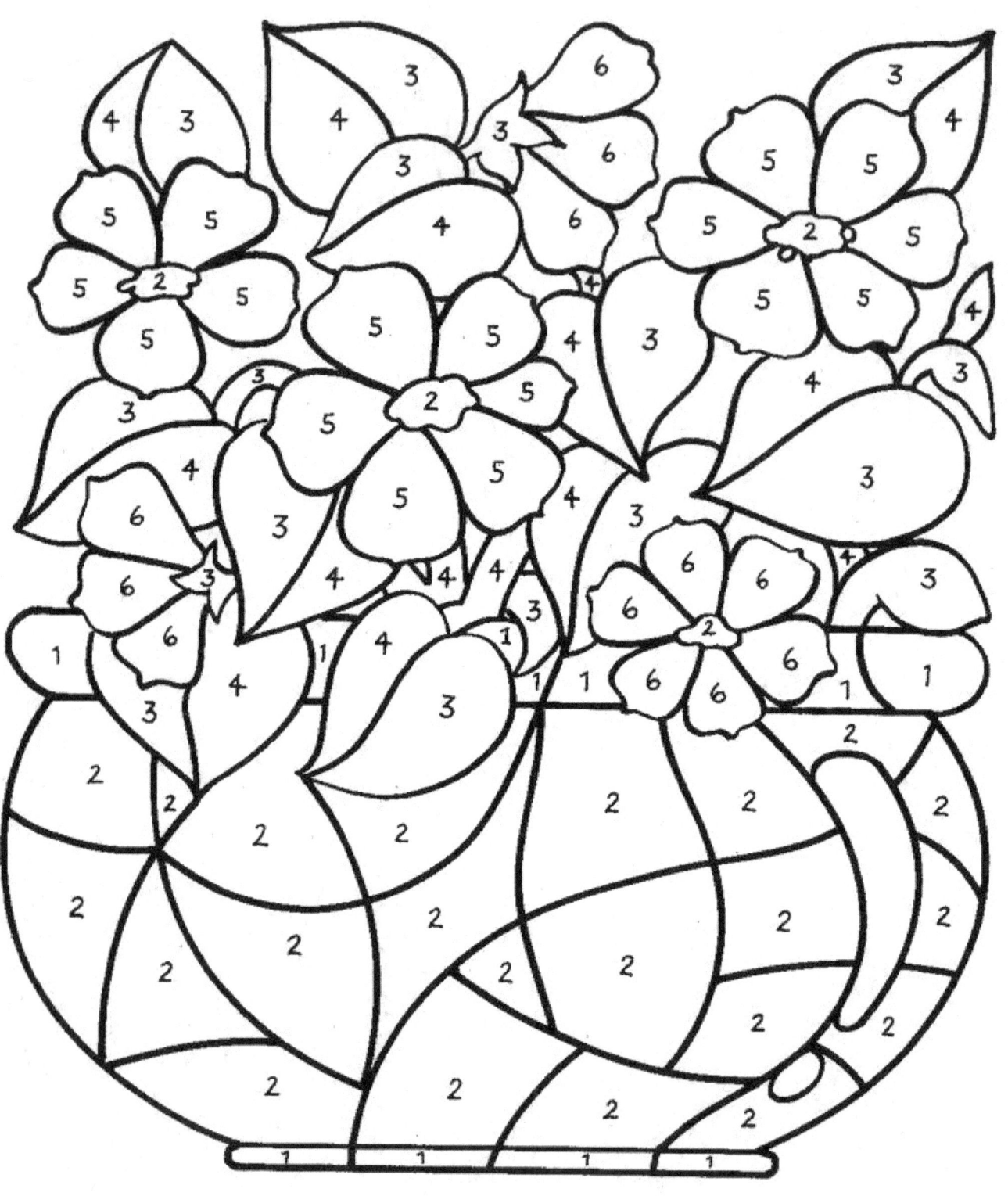

1. Red  2. Yellow  3. Light Green  4. Dark Green  5. Blue  6. Purple

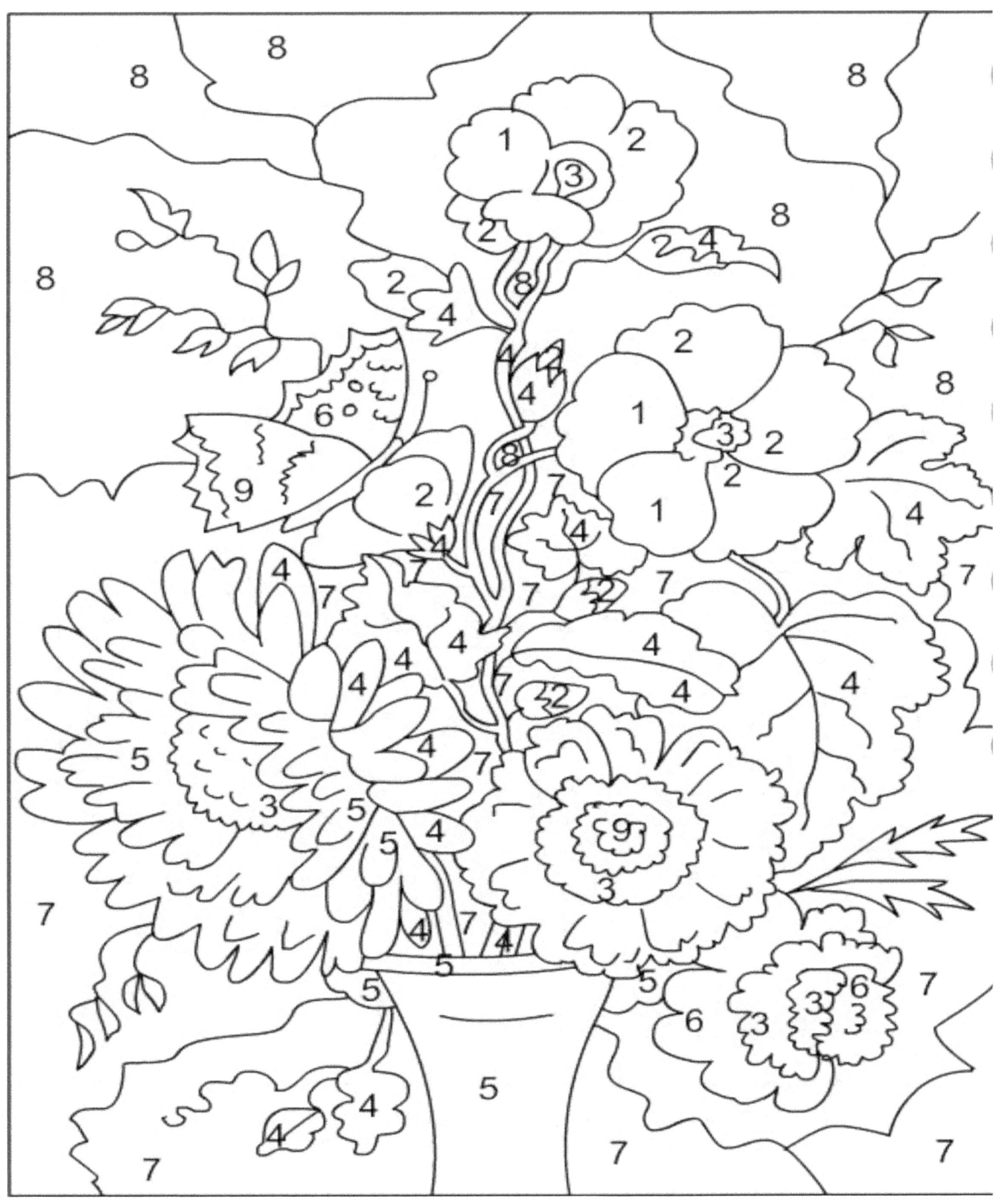

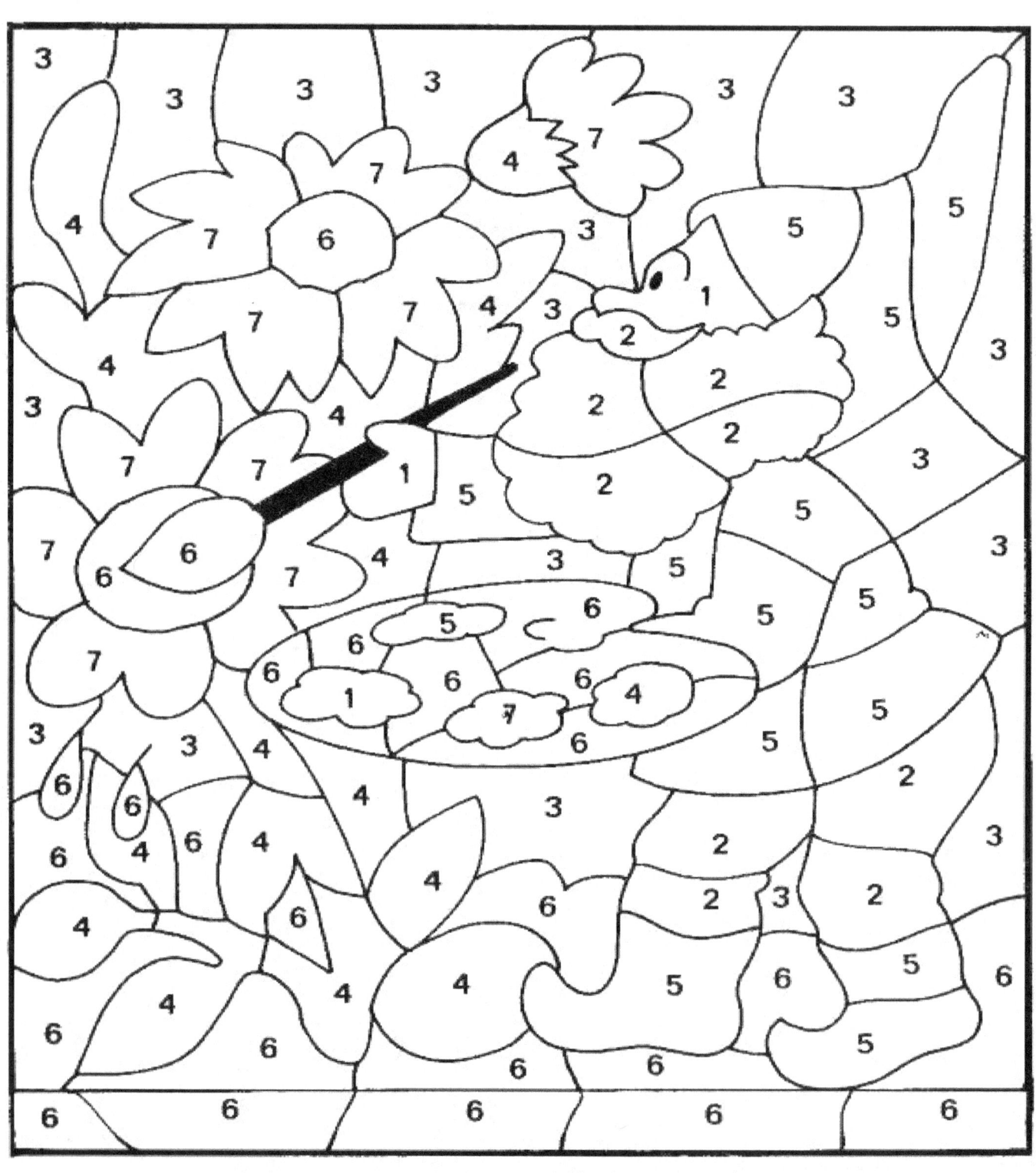

1-pink     2-grey     3-blue     4-green
5-red     6-yellow     7- *purple*

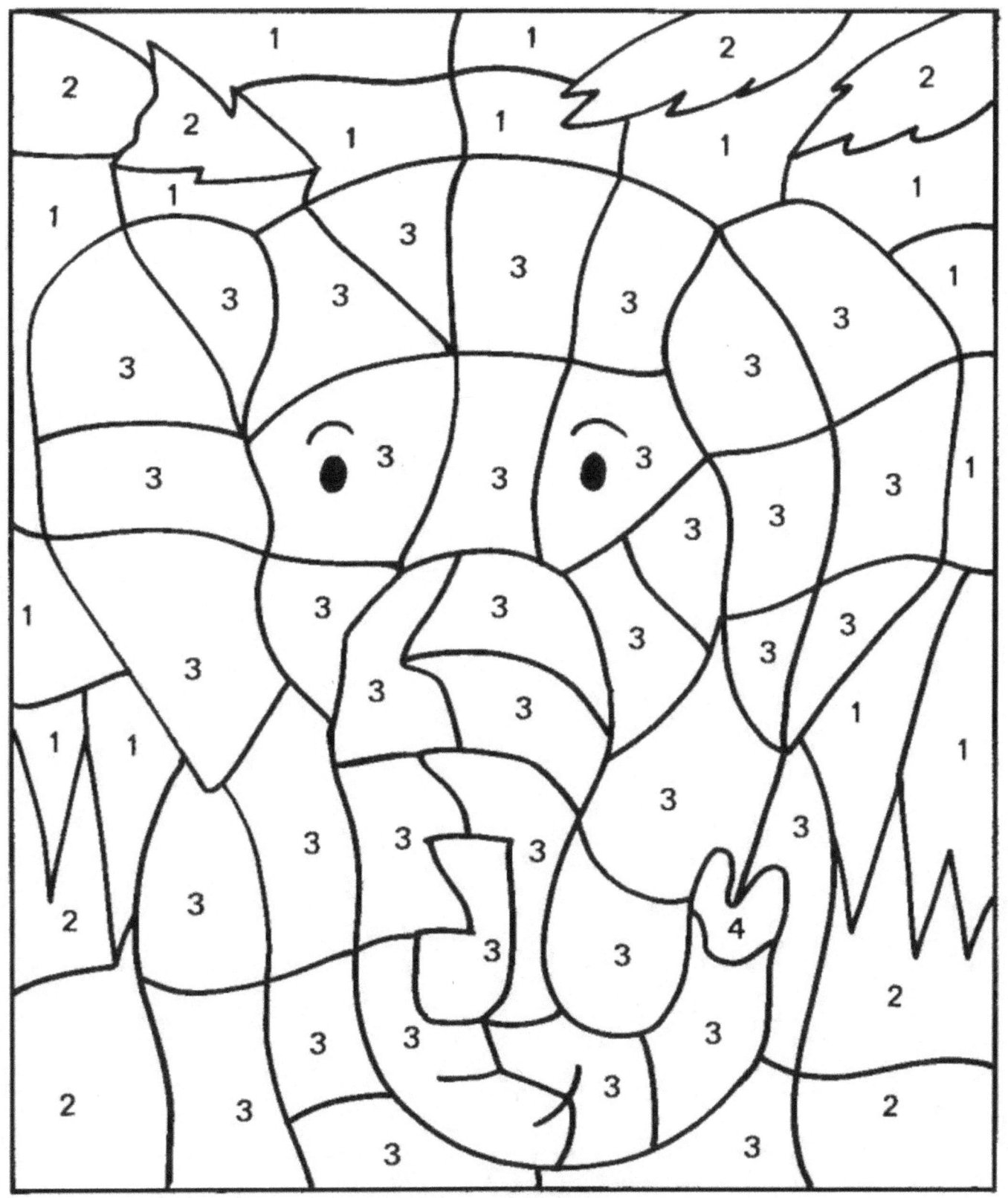

## African Elephant

1-blue       2-green       3-grey       4-pink

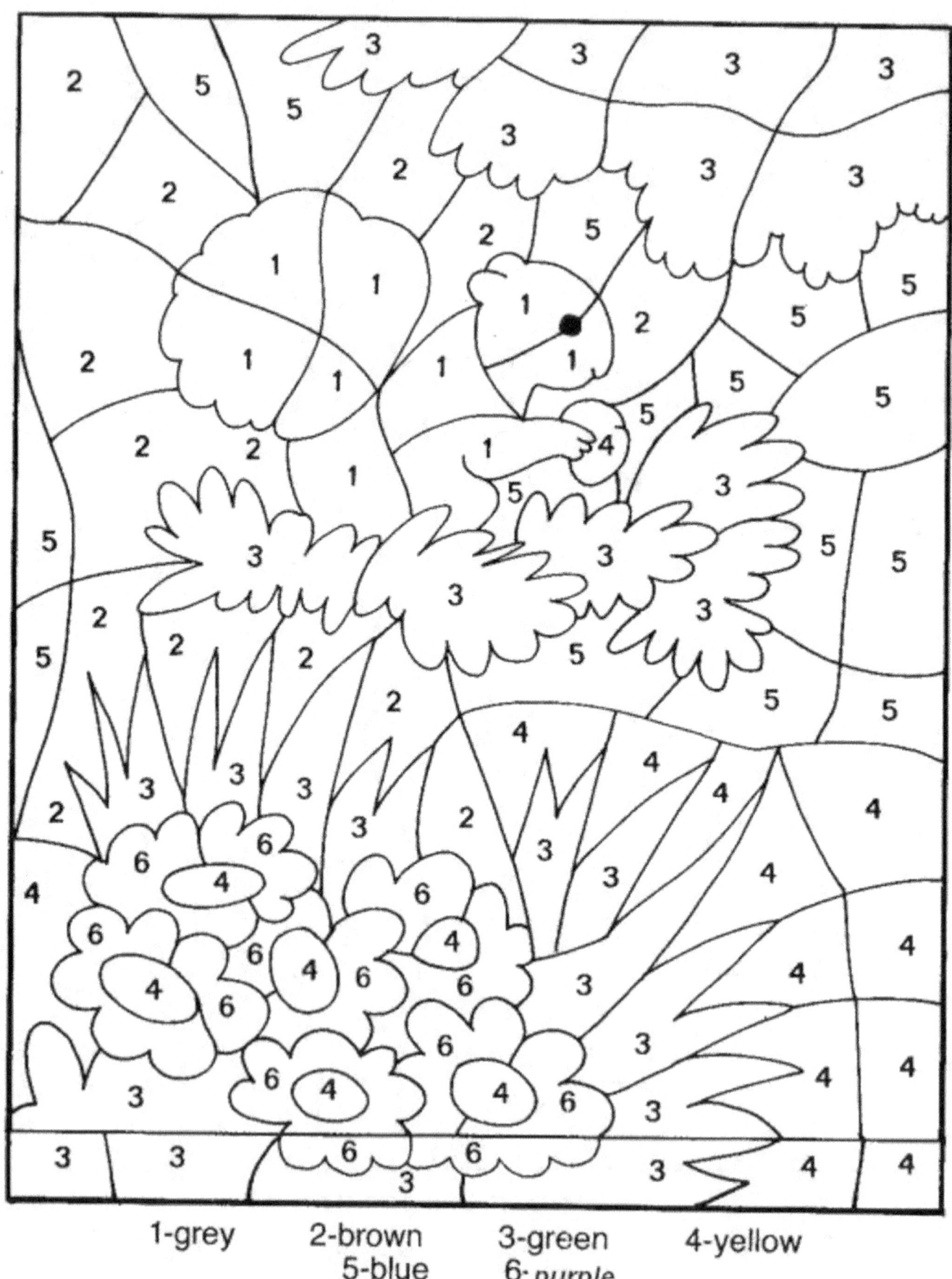

1-grey      2-brown      3-green      4-yellow
5-blue      6- *purple*

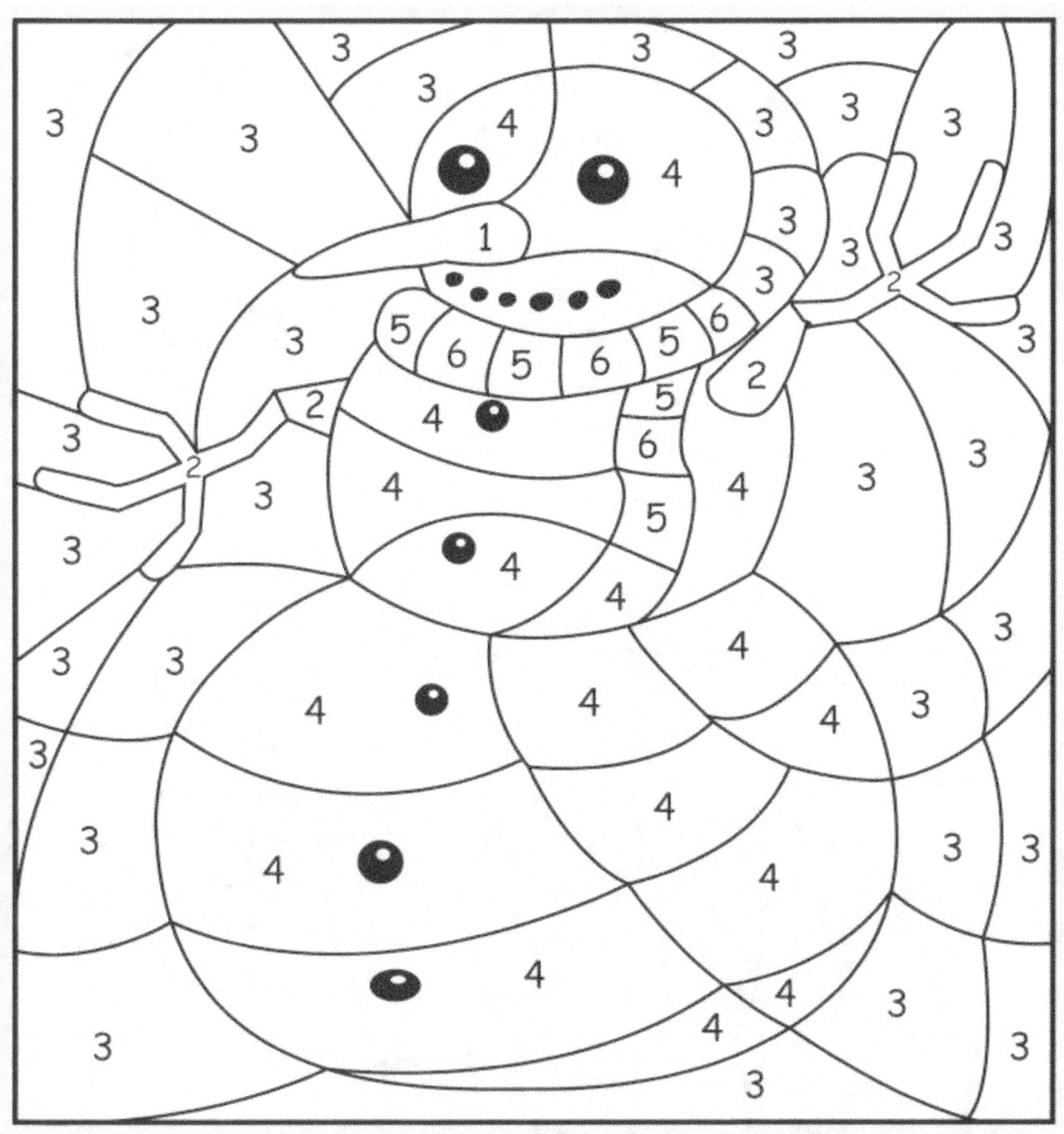

1 = orange    3 = blue    5 = green

2 = brown    4 = white    6 = red

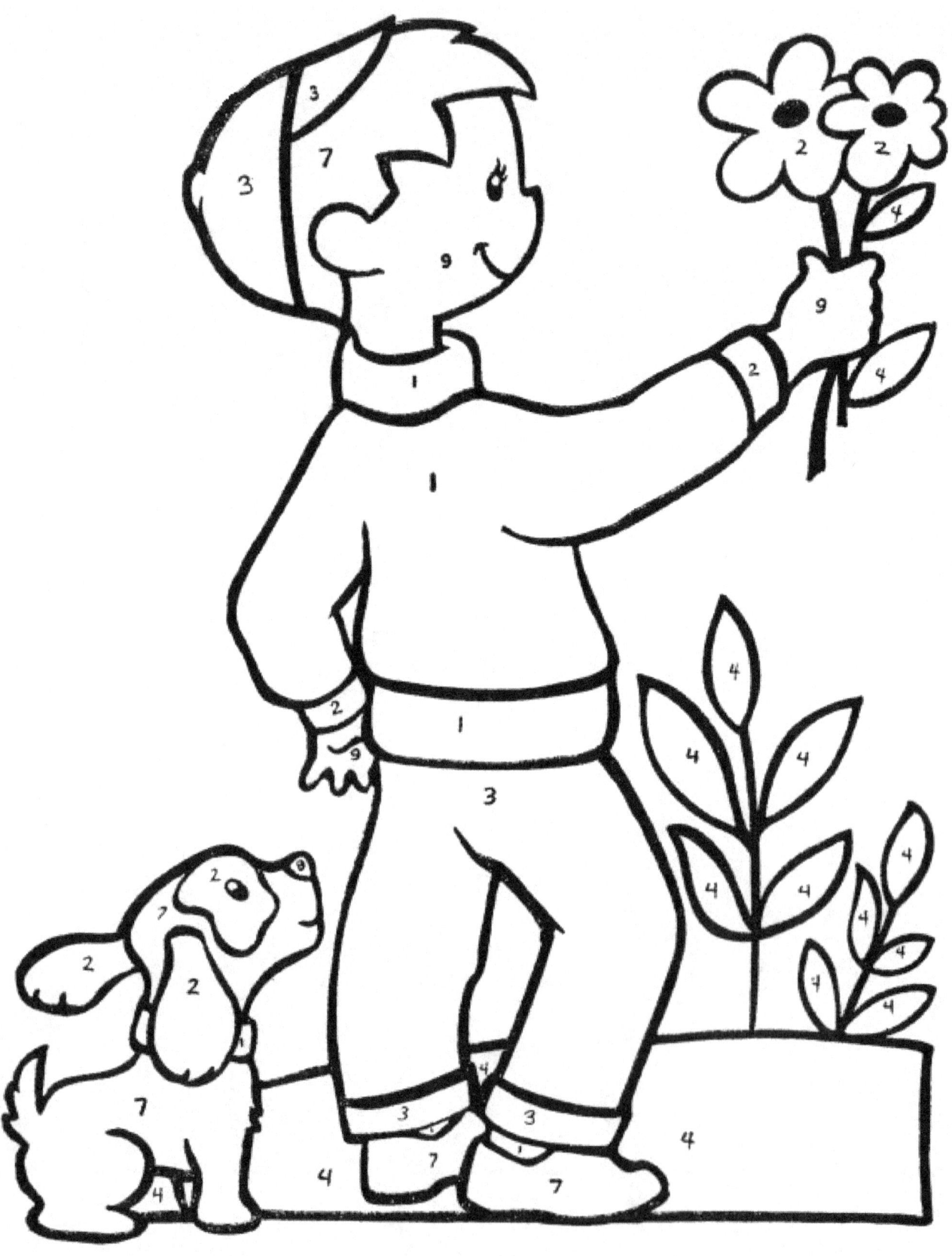

1 - Red        3 - Blue        5 - Orange        7 - Brown        9 - Pink
2 - Yellow     4 - Green       6 - Purple        8 - Black         10 - Gray

# Spring Day

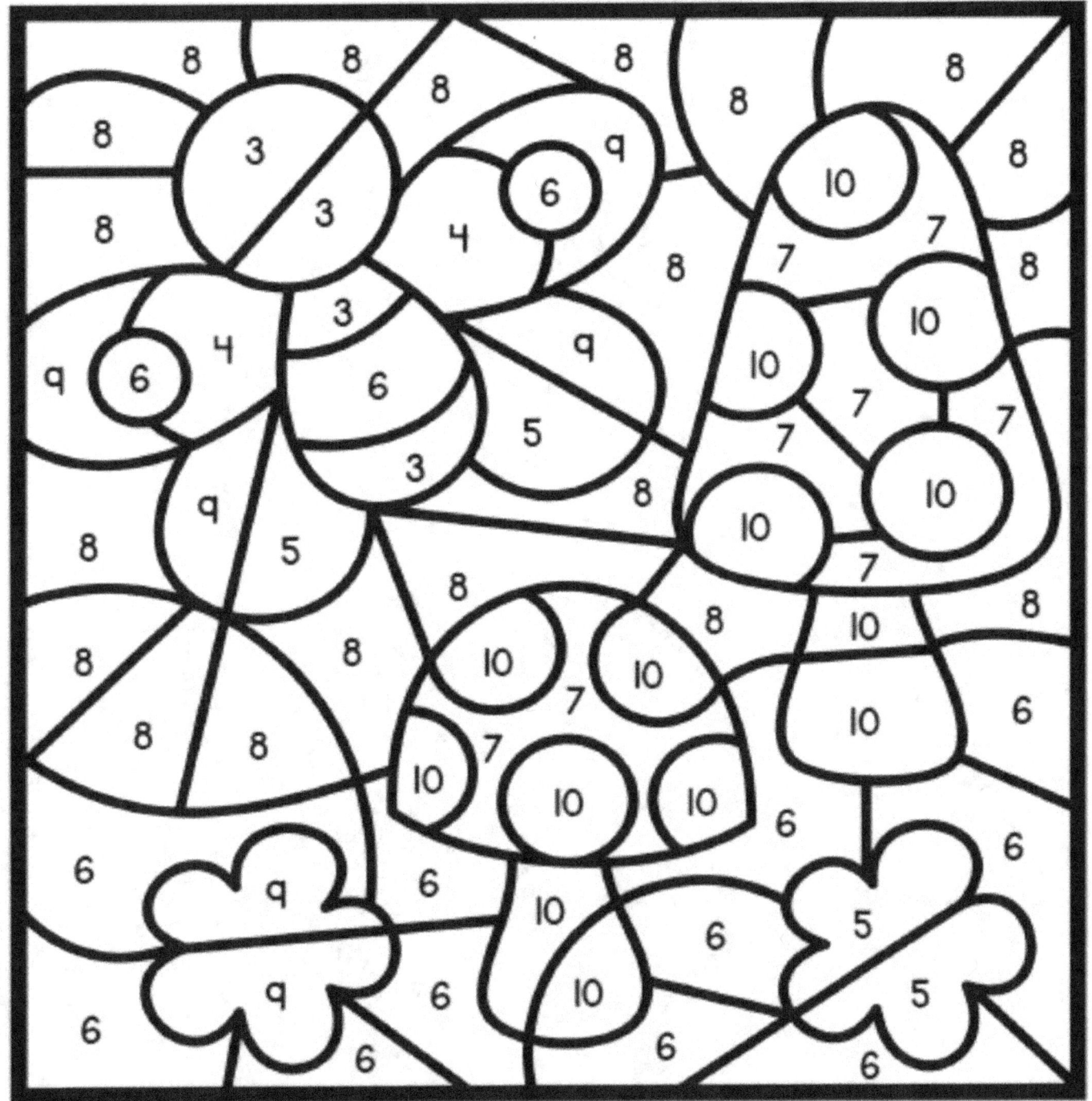

Use the color code to finish the picture!

| 3 = yellow | 4 = orange | 5 = pink | 6 = green |
|------------|------------|-----------|------------|
| 7 = red    | 8 = blue   | 9 = purple | 10 = white |

1.light green
2.green
3.yellow
4.whit
5.blue

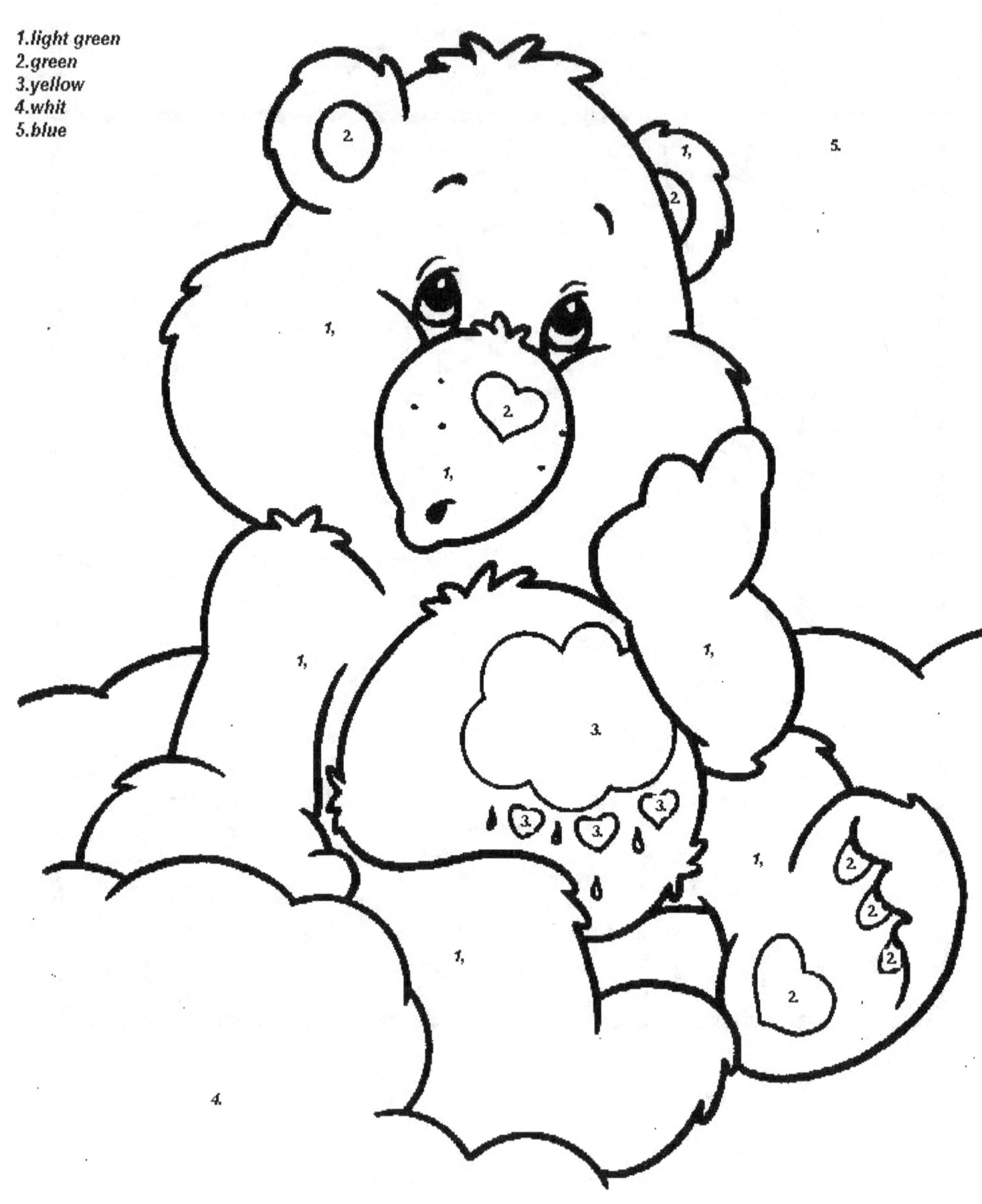

# Color Key

**1** = green **2** = purple **3** = brown
**4** = blue **5** = orange **6** = yellow

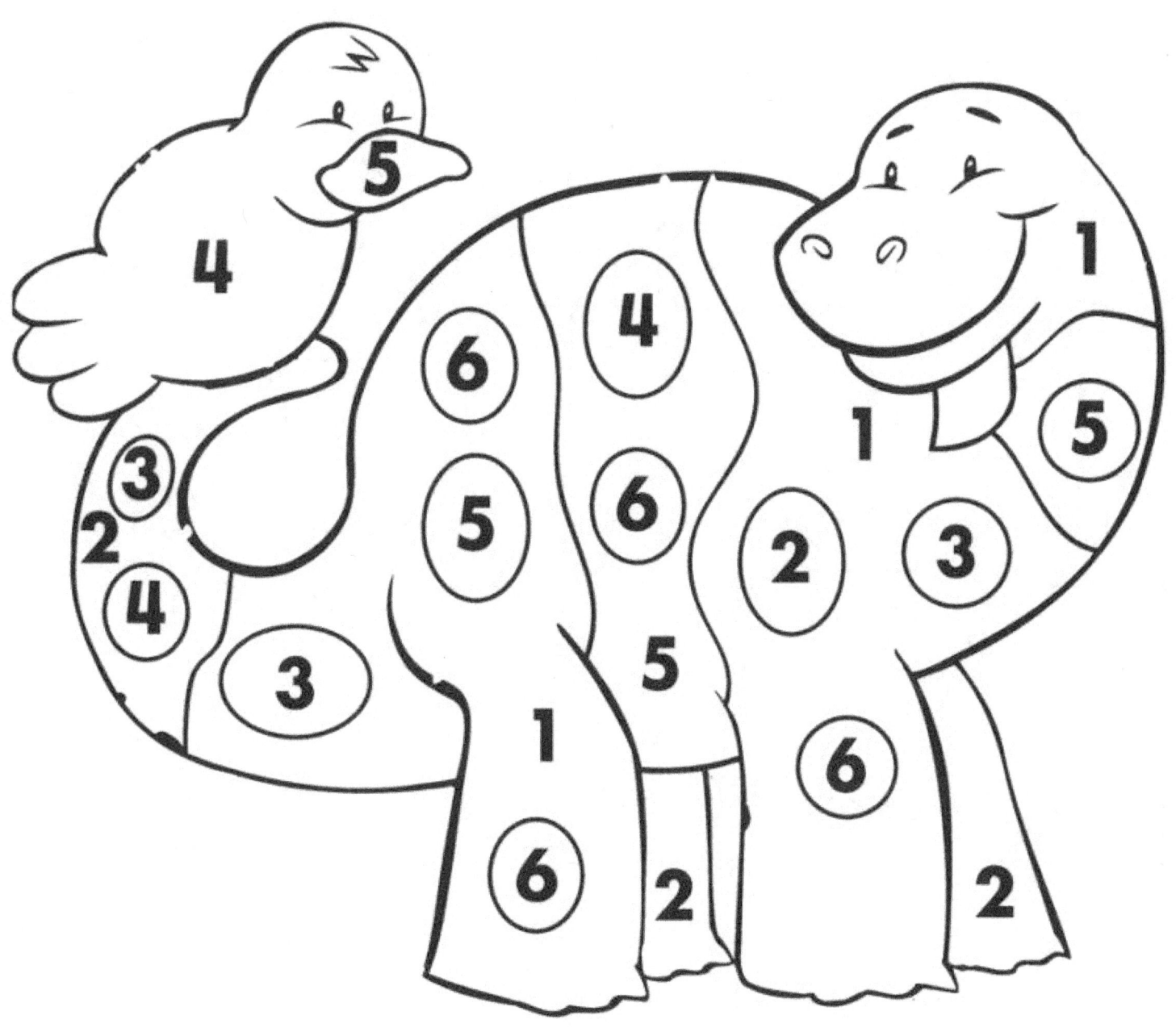

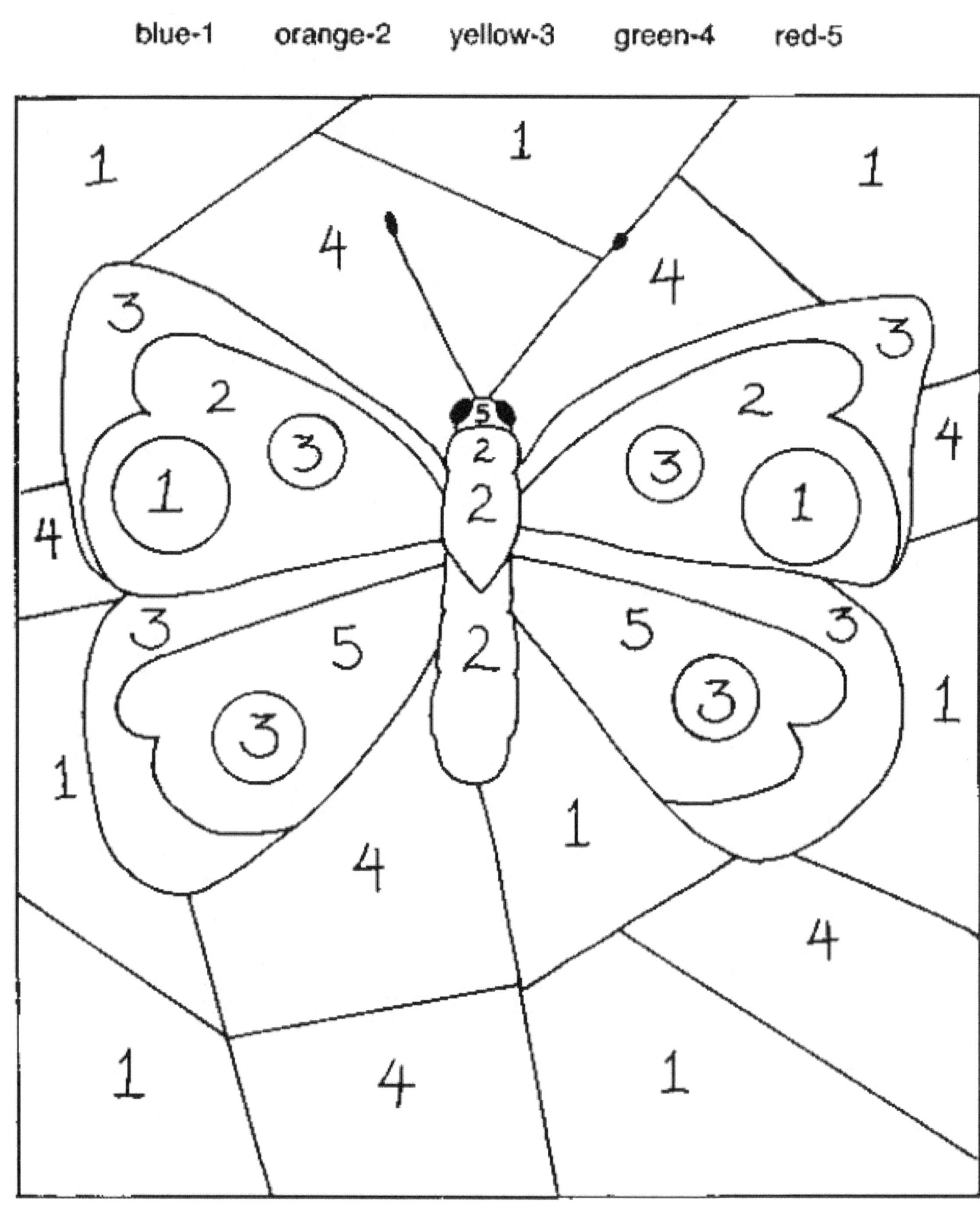

# Color by Number

1-orange     2-green     3-blue     4-brown

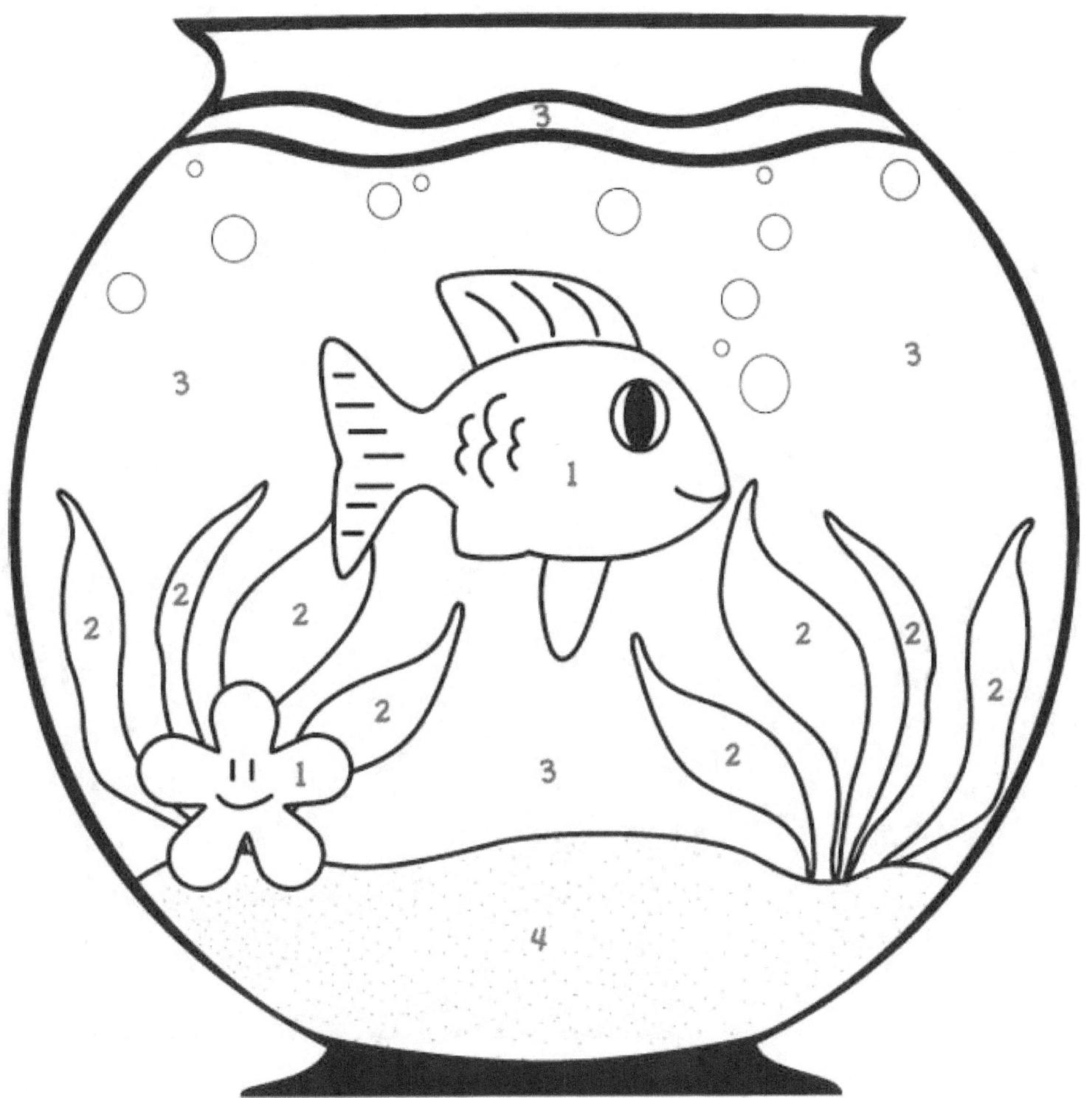

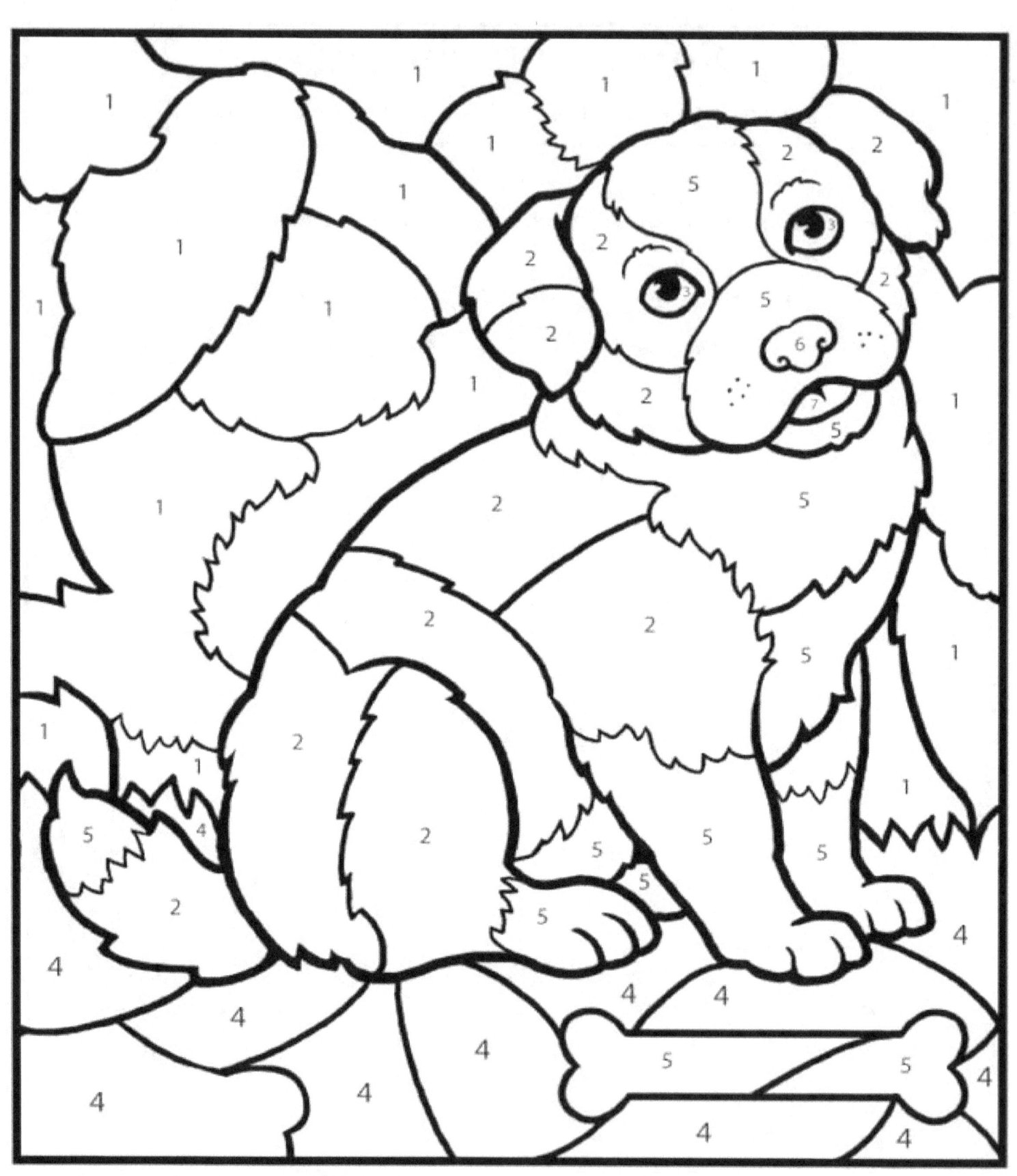

1= blue   2= brown   3=yellow   4=red   5=white   6=black   7=pink

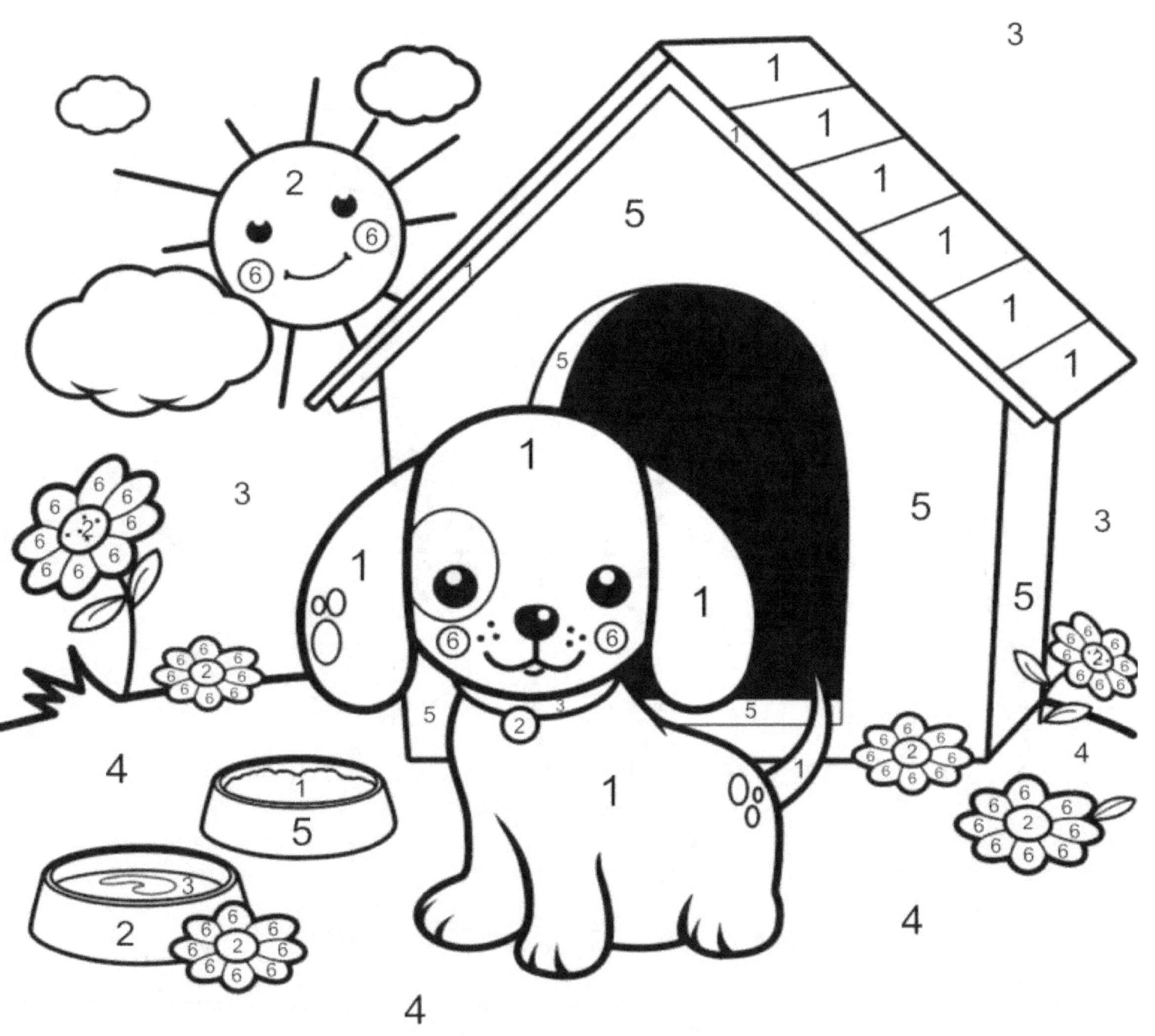

1= brown     3= blue     5= red

2= yellow     4= green     6= pink

# FIND THE ANIMALS IN THE ZOO...

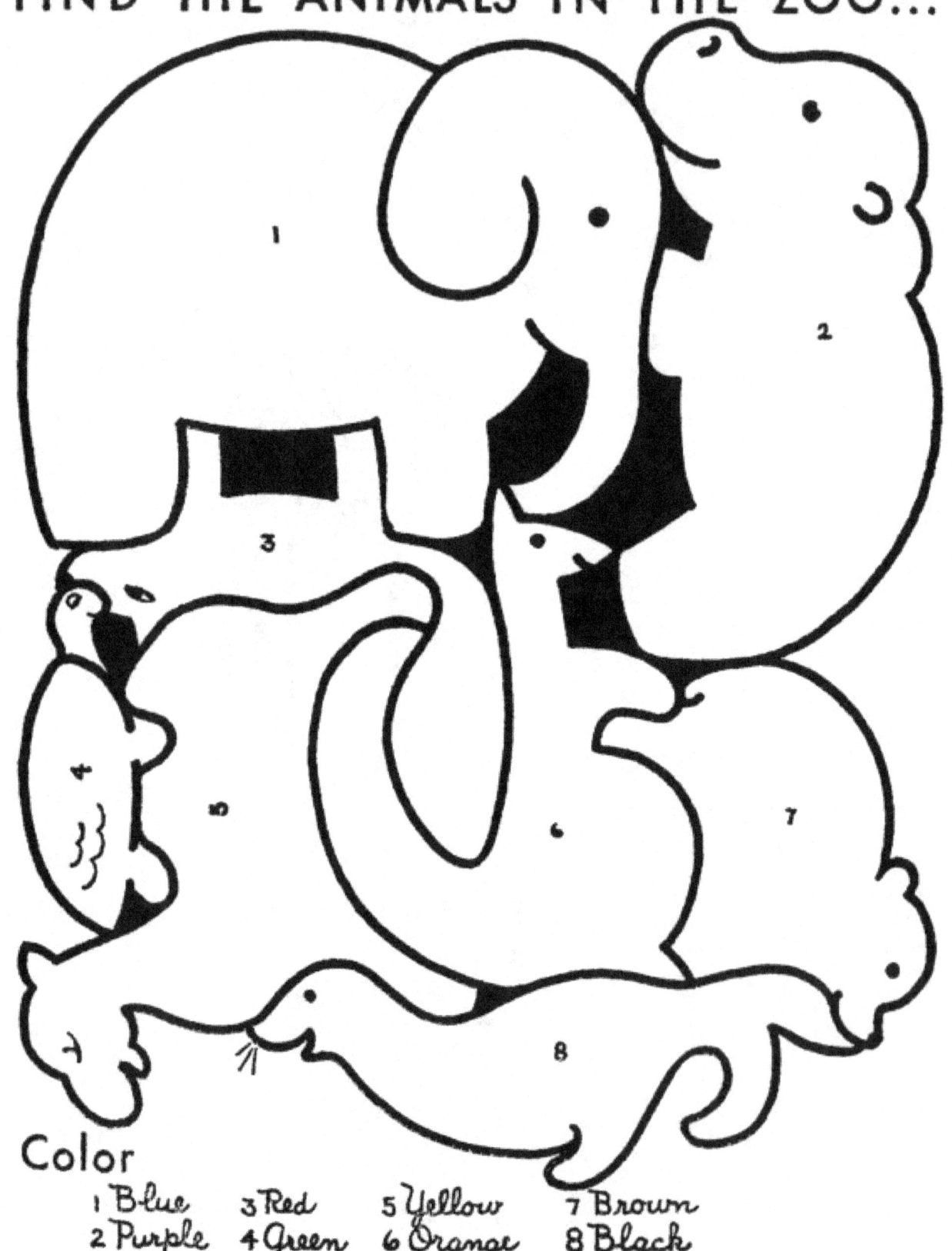

Color

1 Blue   3 Red    5 Yellow   7 Brown
2 Purple  4 Green   6 Orange   8 Black

Name_____

# Use the color key to color the umbrella.

1 - red        5 - pink        9 - white
2 - green      6 - orange      10 - brown
3 - black      7 - purple
4 - yellow     8 - blue

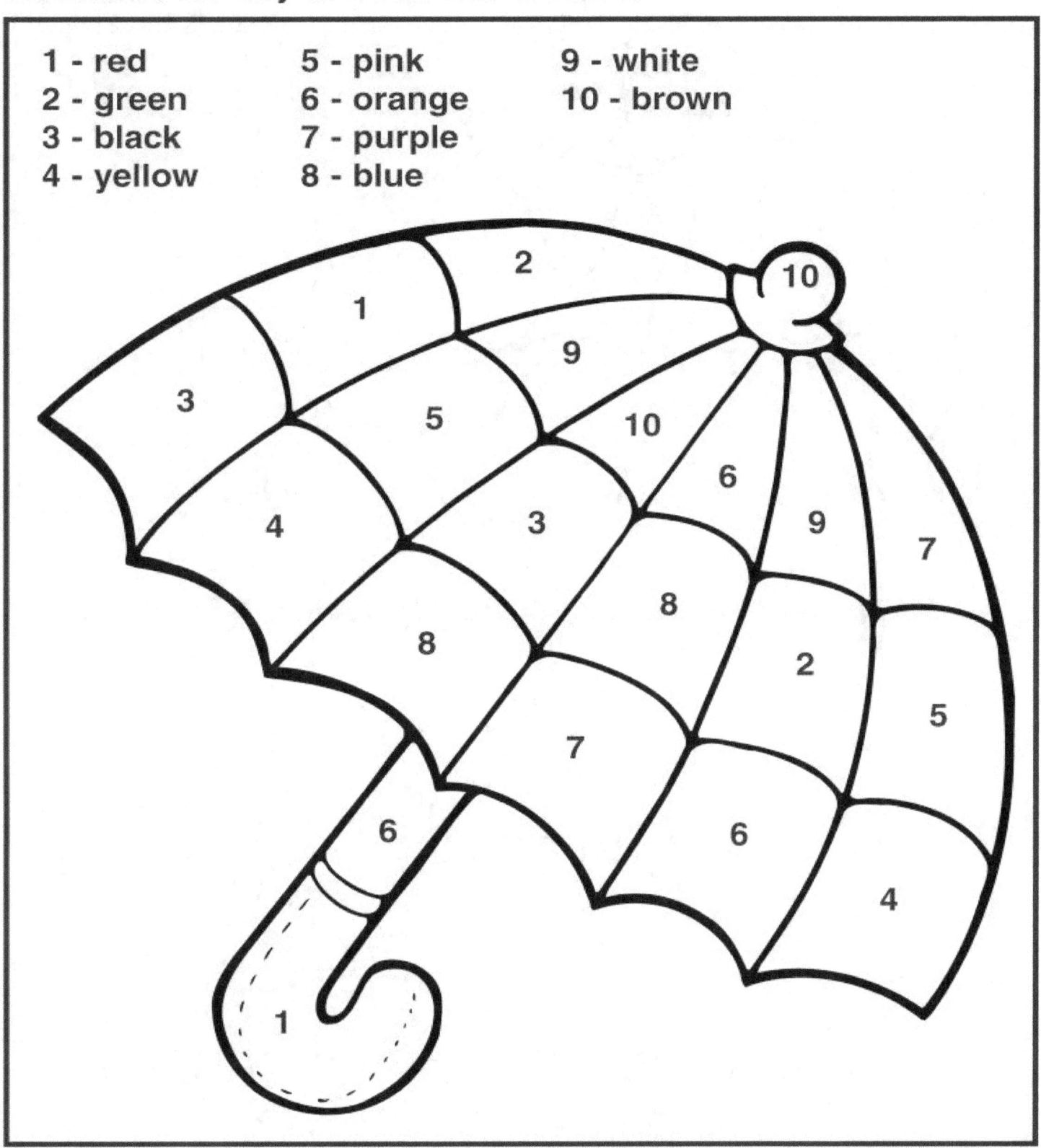

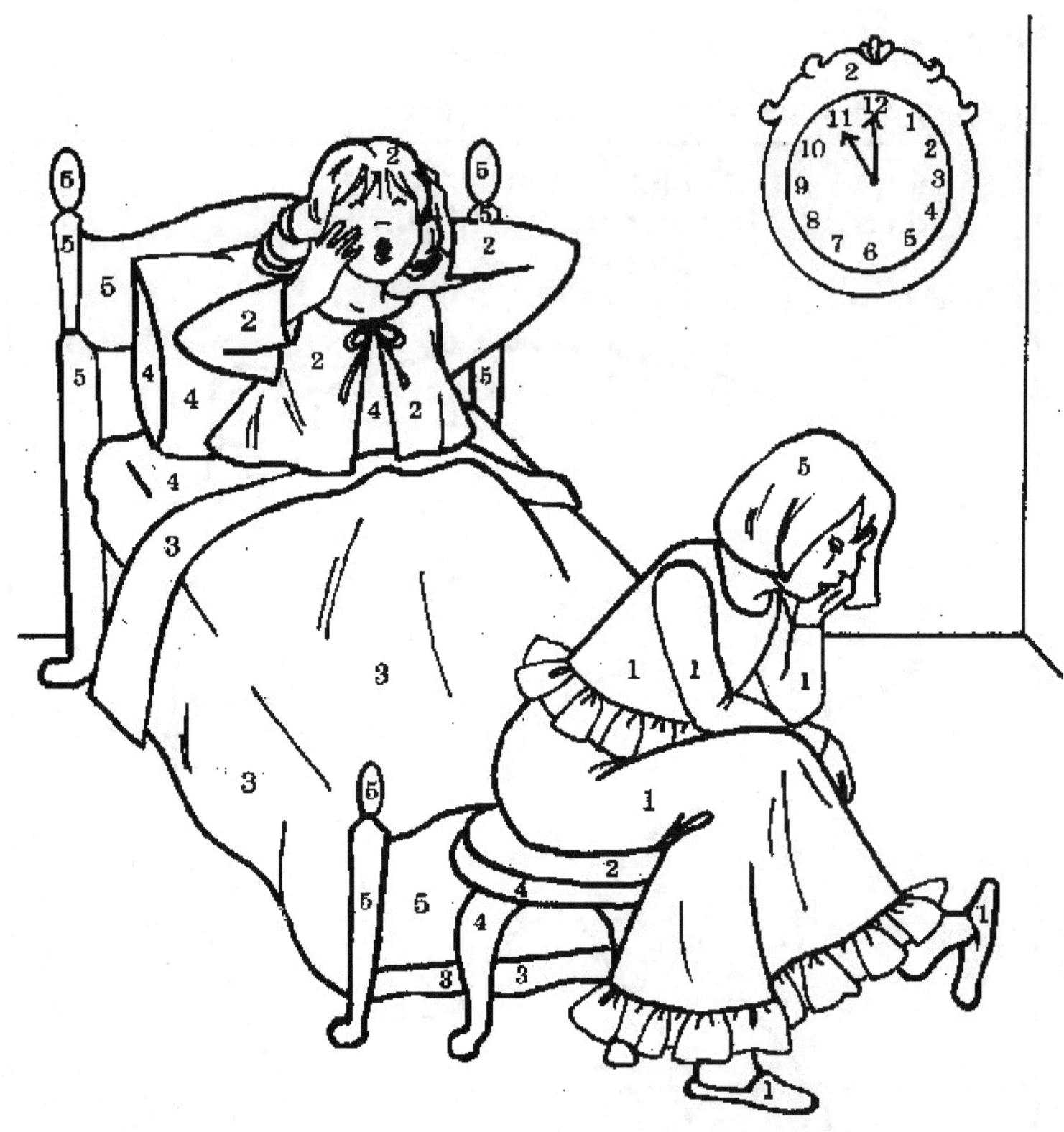

1. RED  2. YELLOW  3. GREEN
4. BLUE  5. BROWN

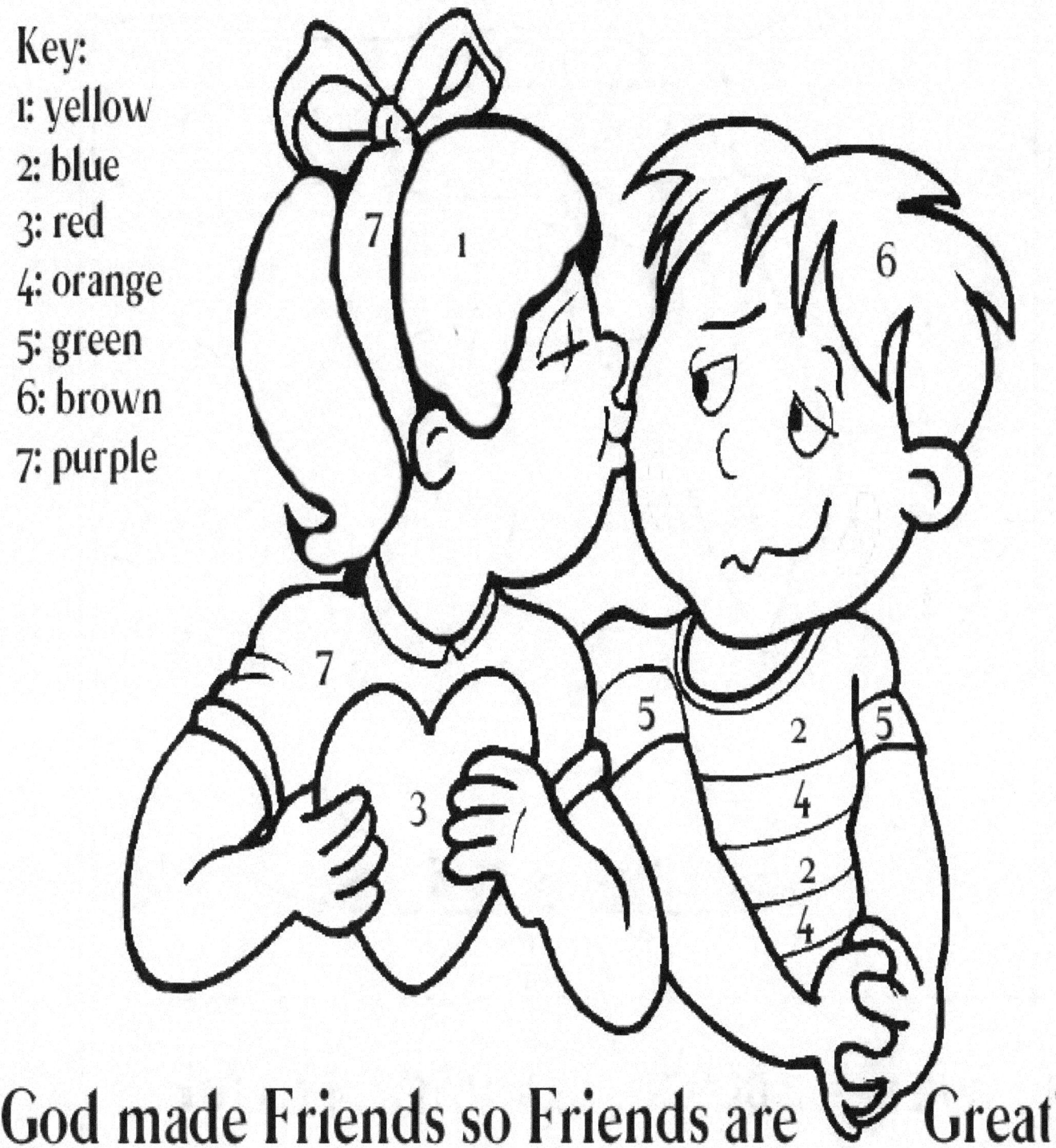

Key:
1: yellow
2: blue
3: red
4: orange
5: green
6: brown
7: purple

God made Friends so Friends are    Great!

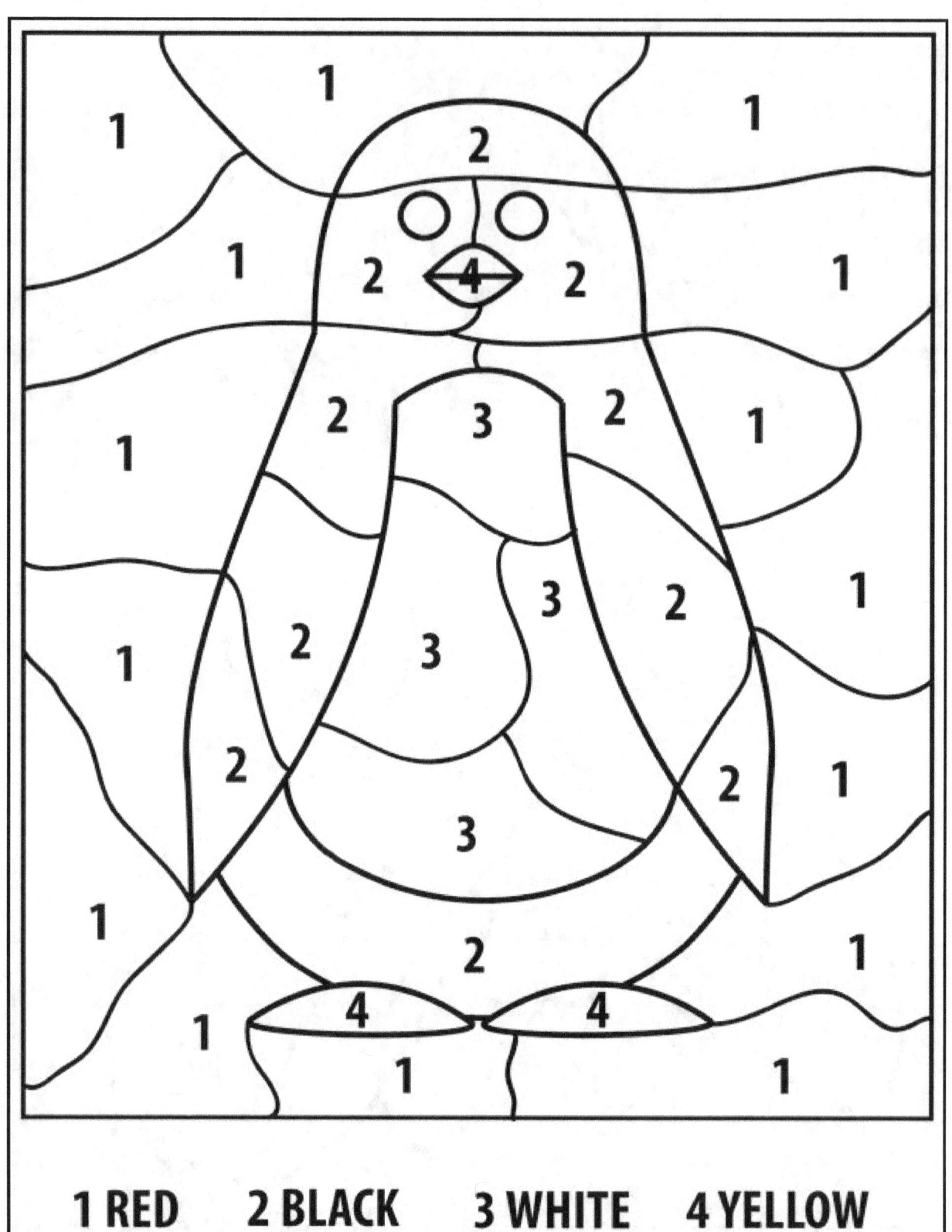

**1 RED     2 BLACK     3 WHITE     4 YELLOW**

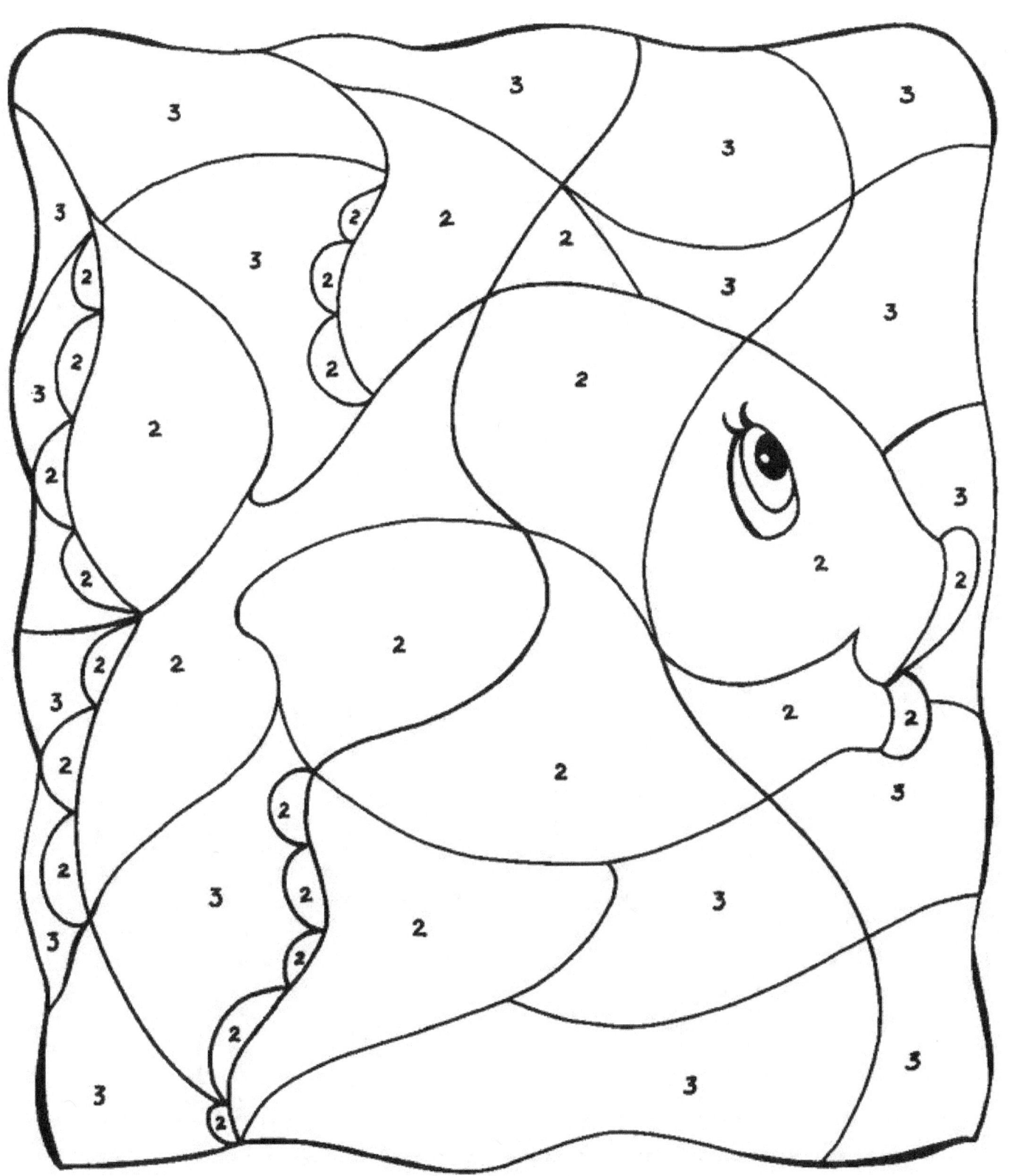

Color the 2's yellow and the 3's blue.

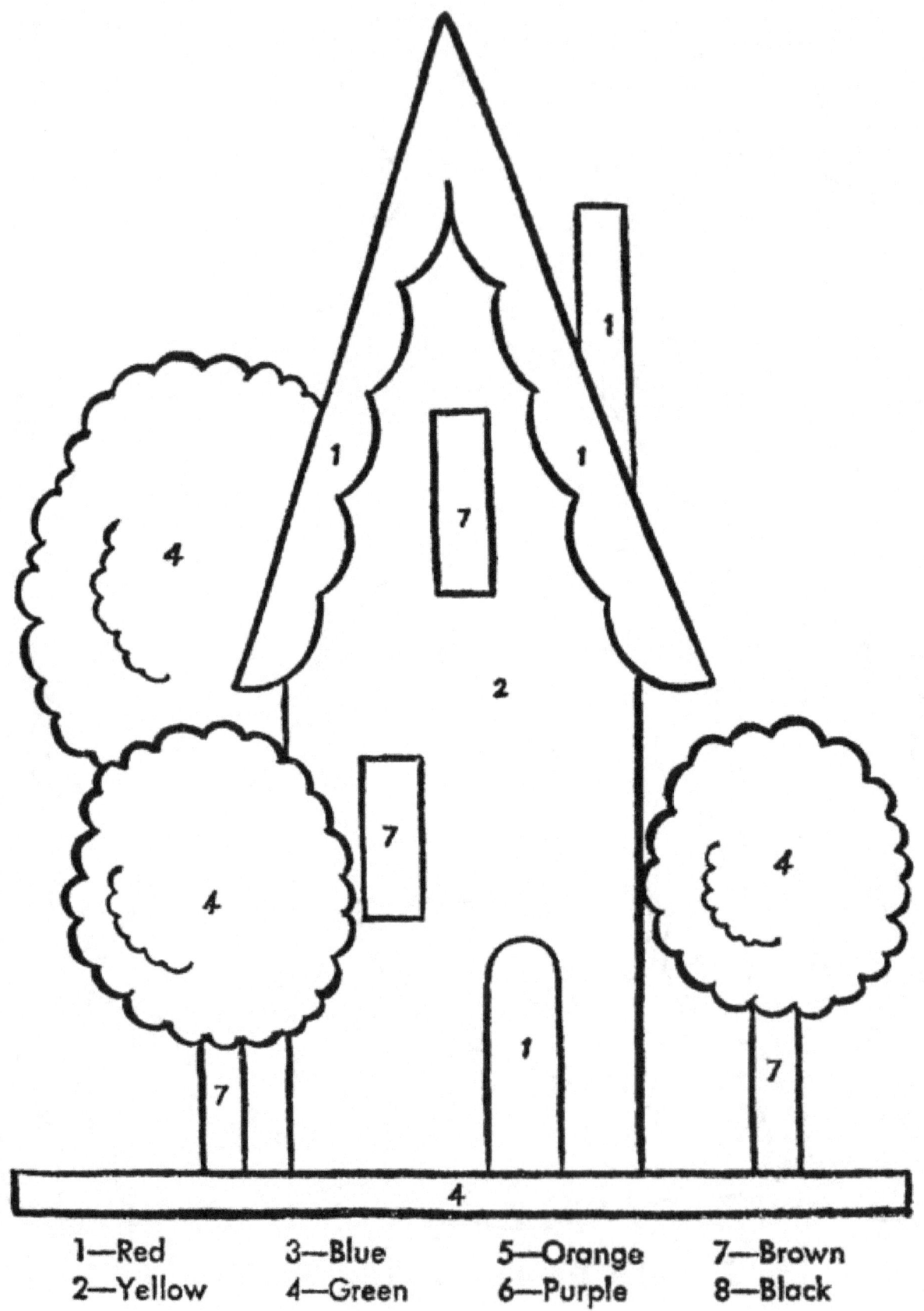

1—Red     3—Blue     5—Orange     7—Brown
2—Yellow     4—Green     6—Purple     8—Black

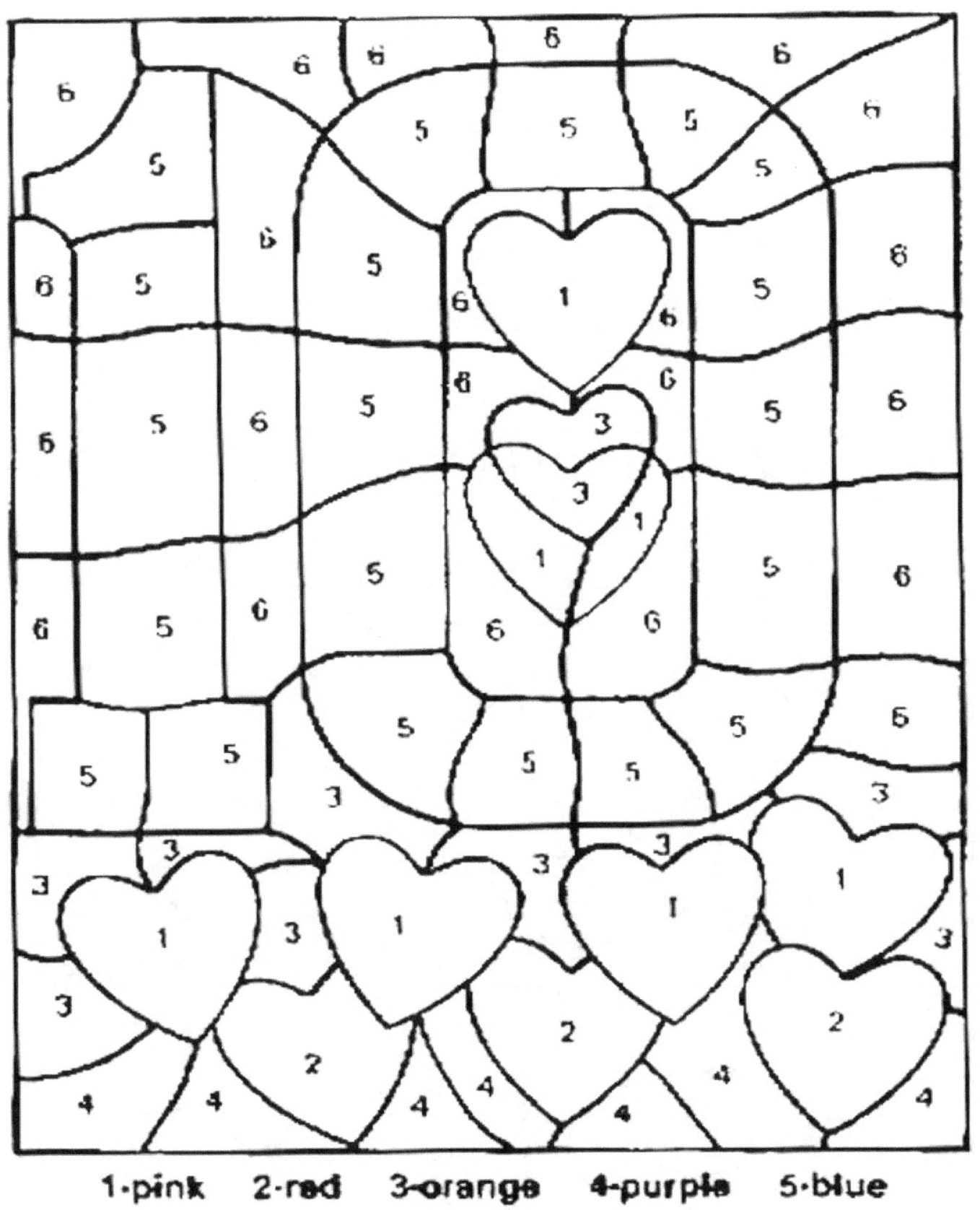

1-pink    2-red    3-orange    4-purple    5-blue
6-yellow

1-Orange 2-Brown 3-Red 4-Yellow 5-Green 6-Pink
7-Blue

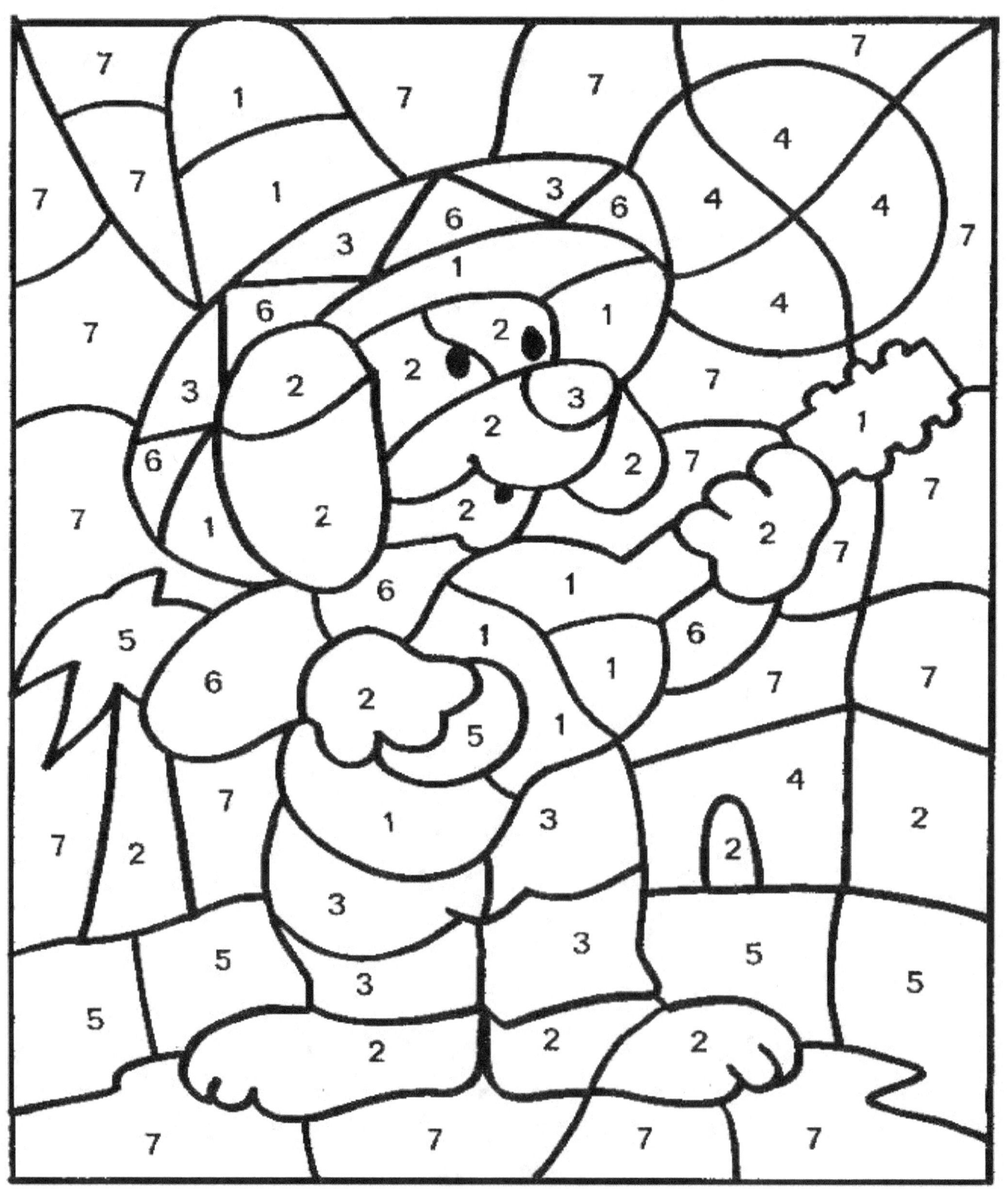

**1 = Green  2 = Black  3 = White  4 = Blue  5 = Yellow**

**6 = Brown    7 = Pink    8 = Gray**

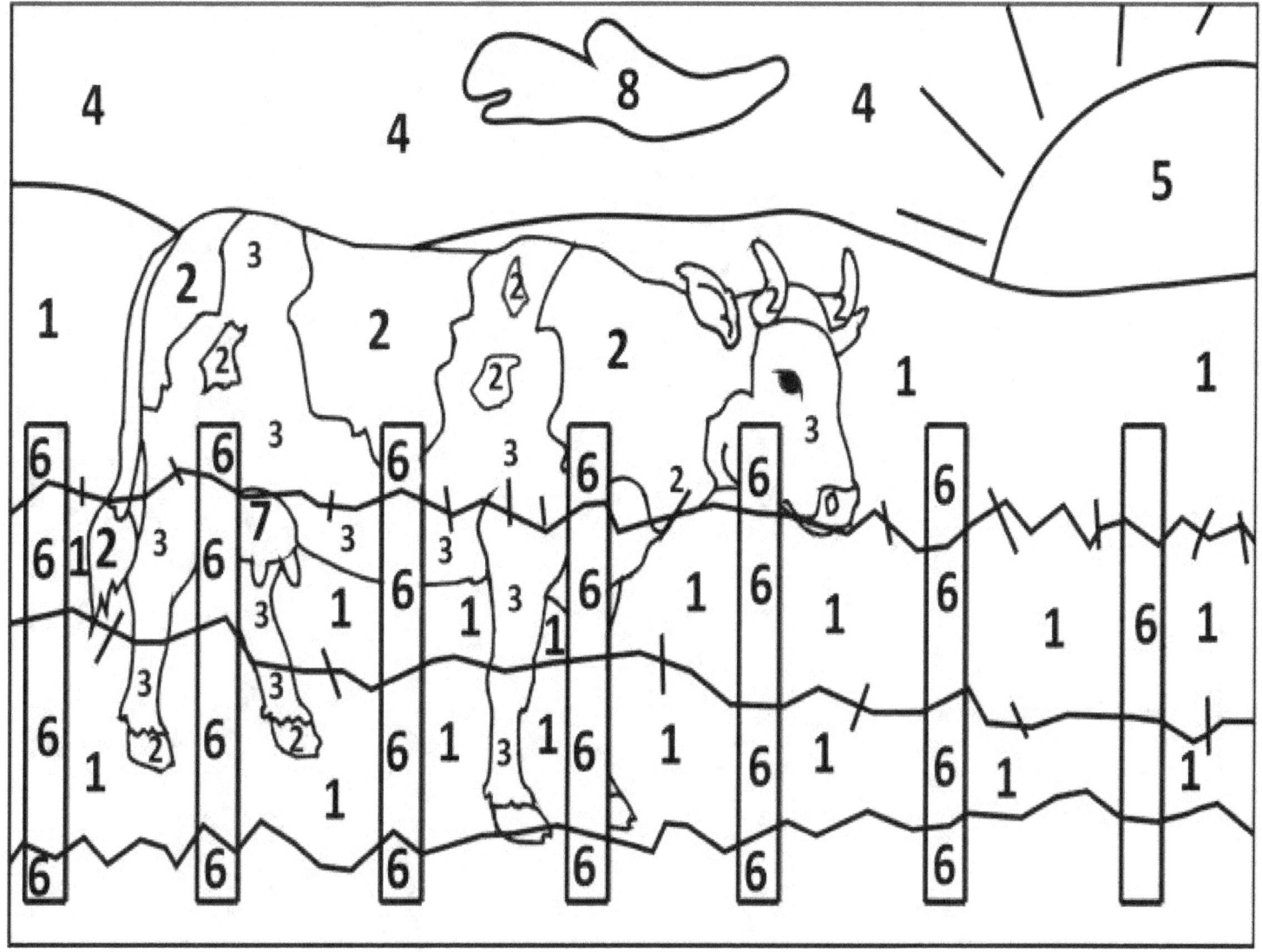

1-Blue 2-Pink 3-Yellow 4-Green 5-Red 6-Purple

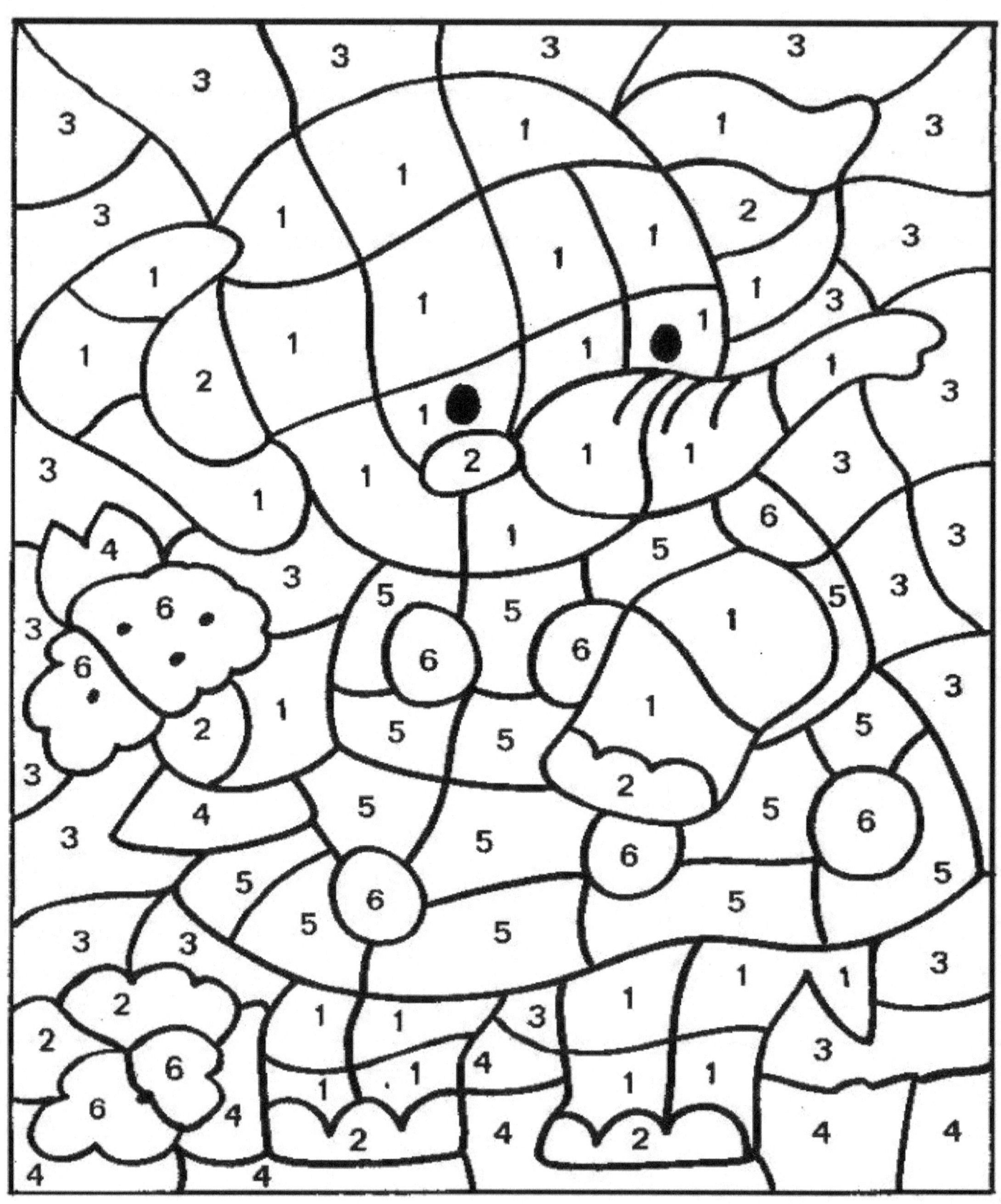

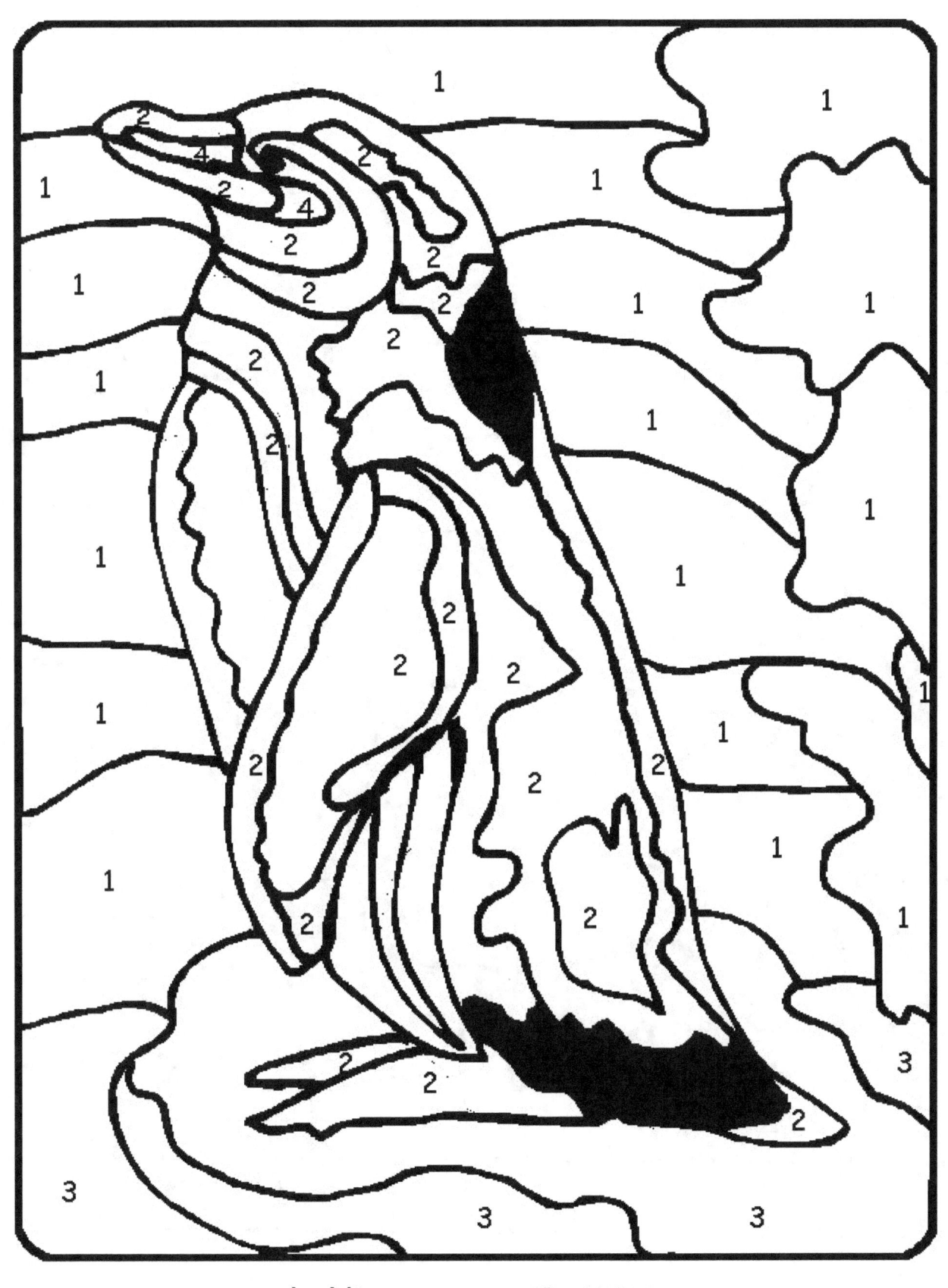

1 – blue     3 – grey
2 – black    4 – orange

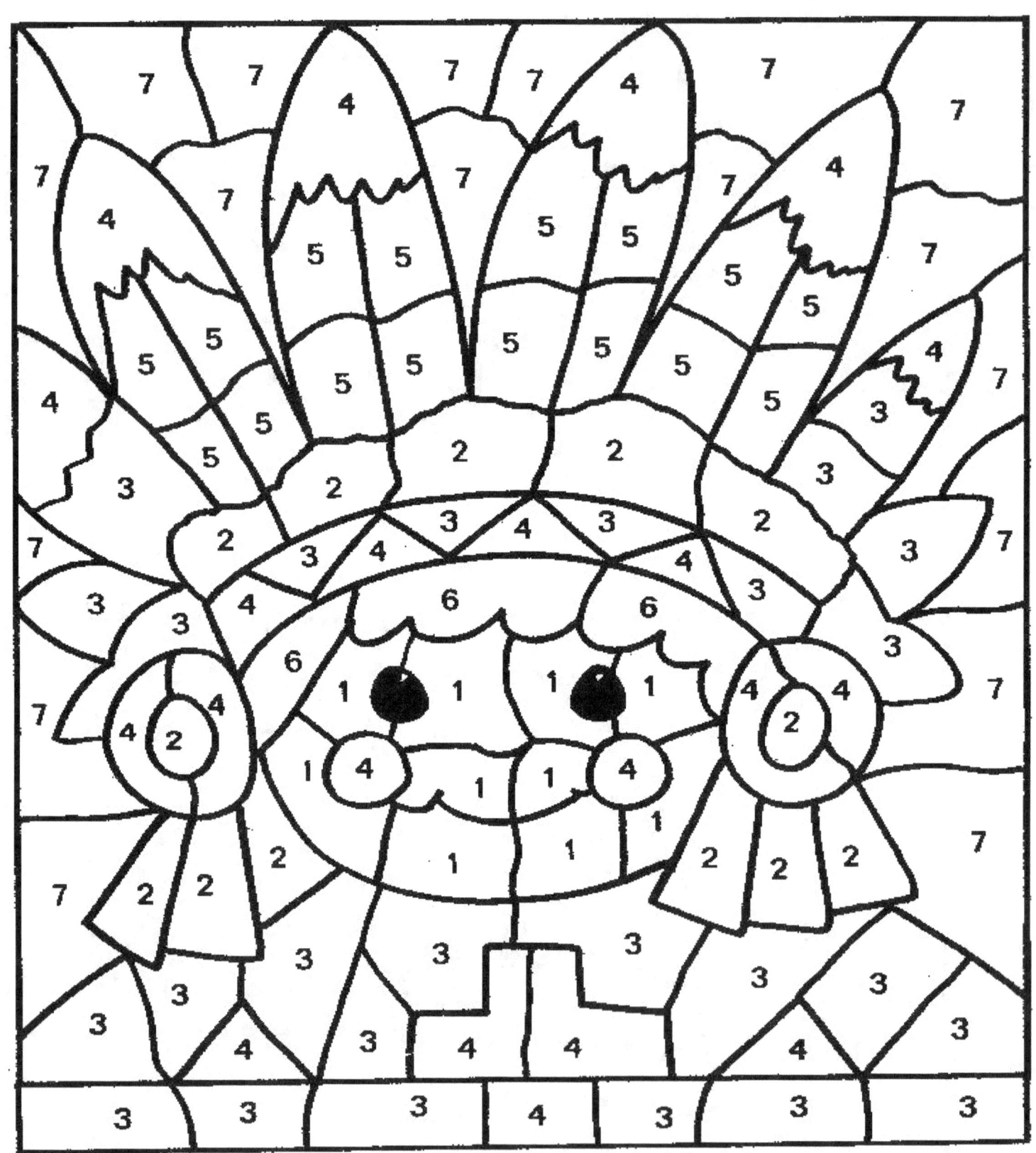

1-brown    2-yellow    3-orange    4-red
5-white    6-black    7-blue

1 - Red
2 - Yellow
3 - Blue
4 - Green
5 - Brown
6 - Black
7 - Orange
8 - Purple

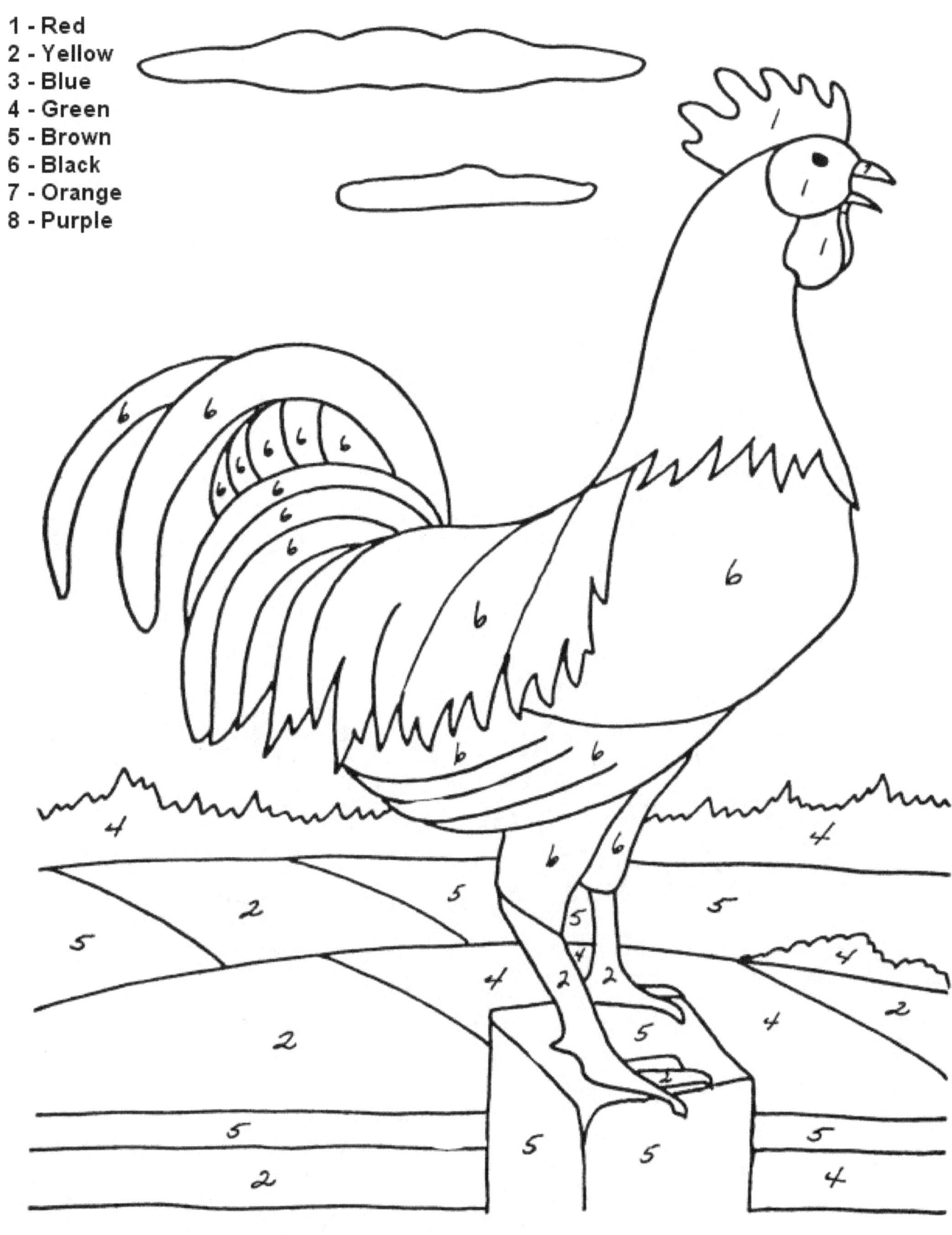

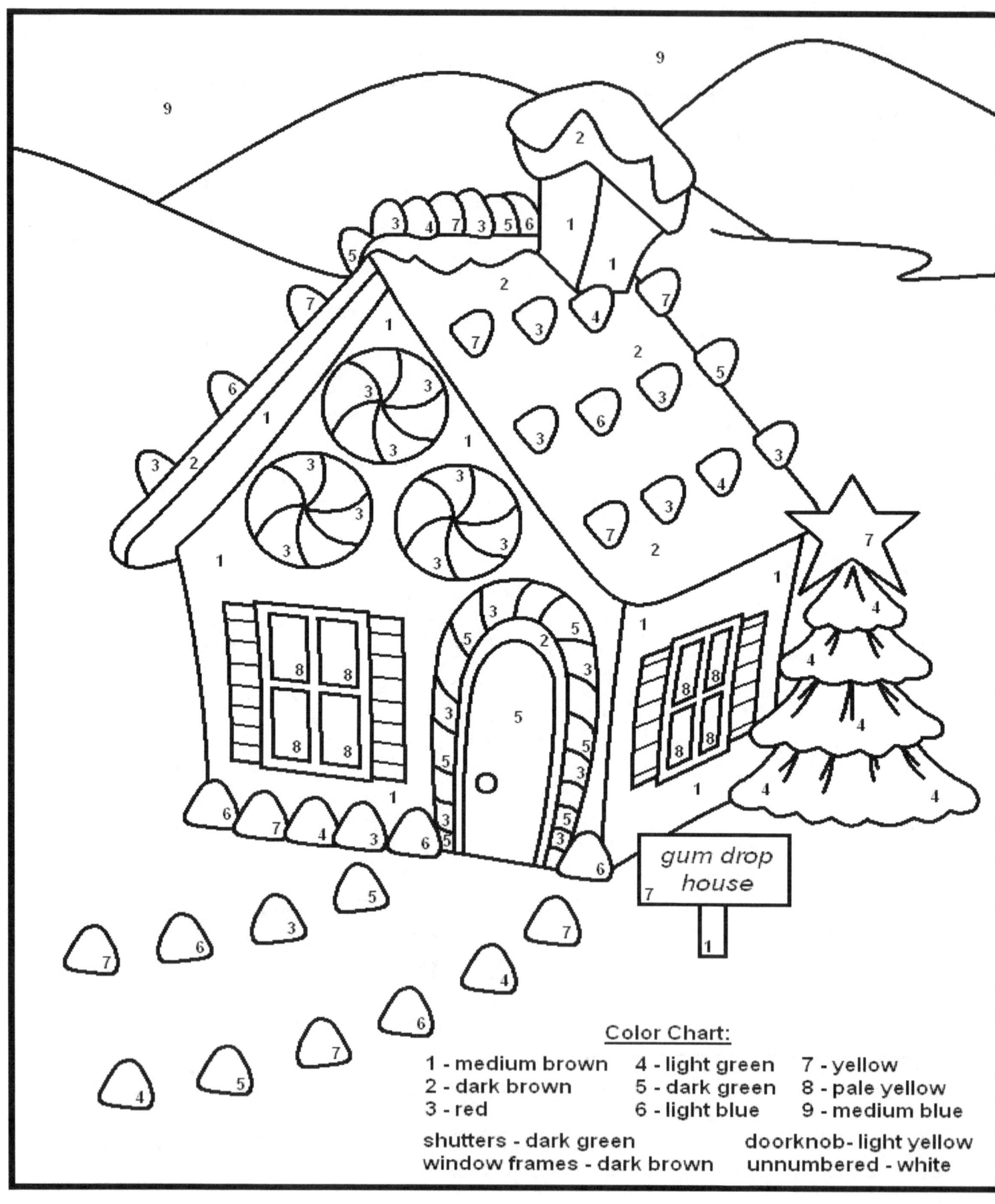

**Color Chart:**

1 - medium brown    4 - light green    7 - yellow
2 - dark brown      5 - dark green     8 - pale yellow
3 - red             6 - light blue     9 - medium blue

shutters - dark green            doorknob- light yellow
window frames - dark brown       unnumbered - white

gum drop house

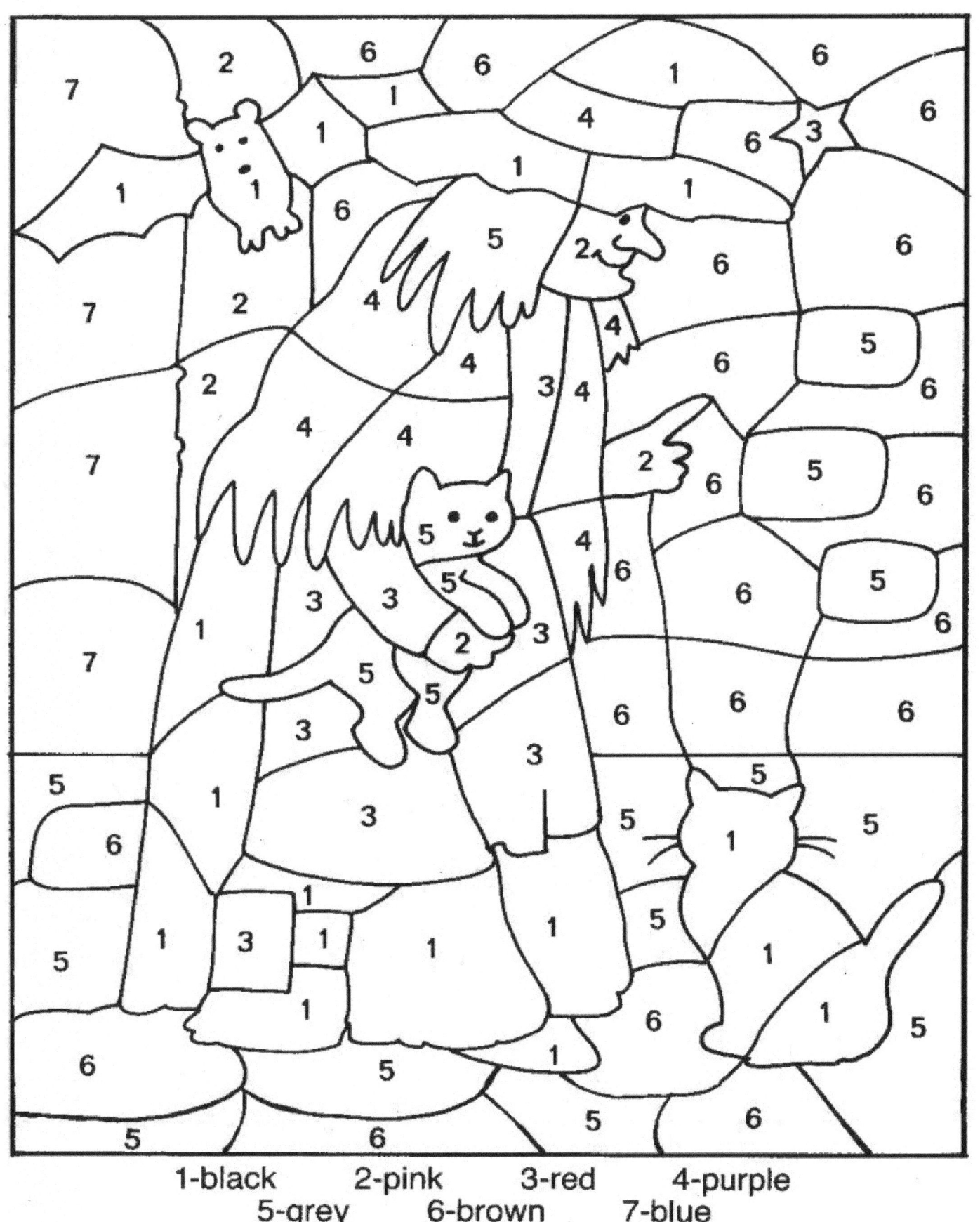

1-black        2-pink        3-red        4-purple
5-grey        6-brown        7-blue

# Under Sea Mystery

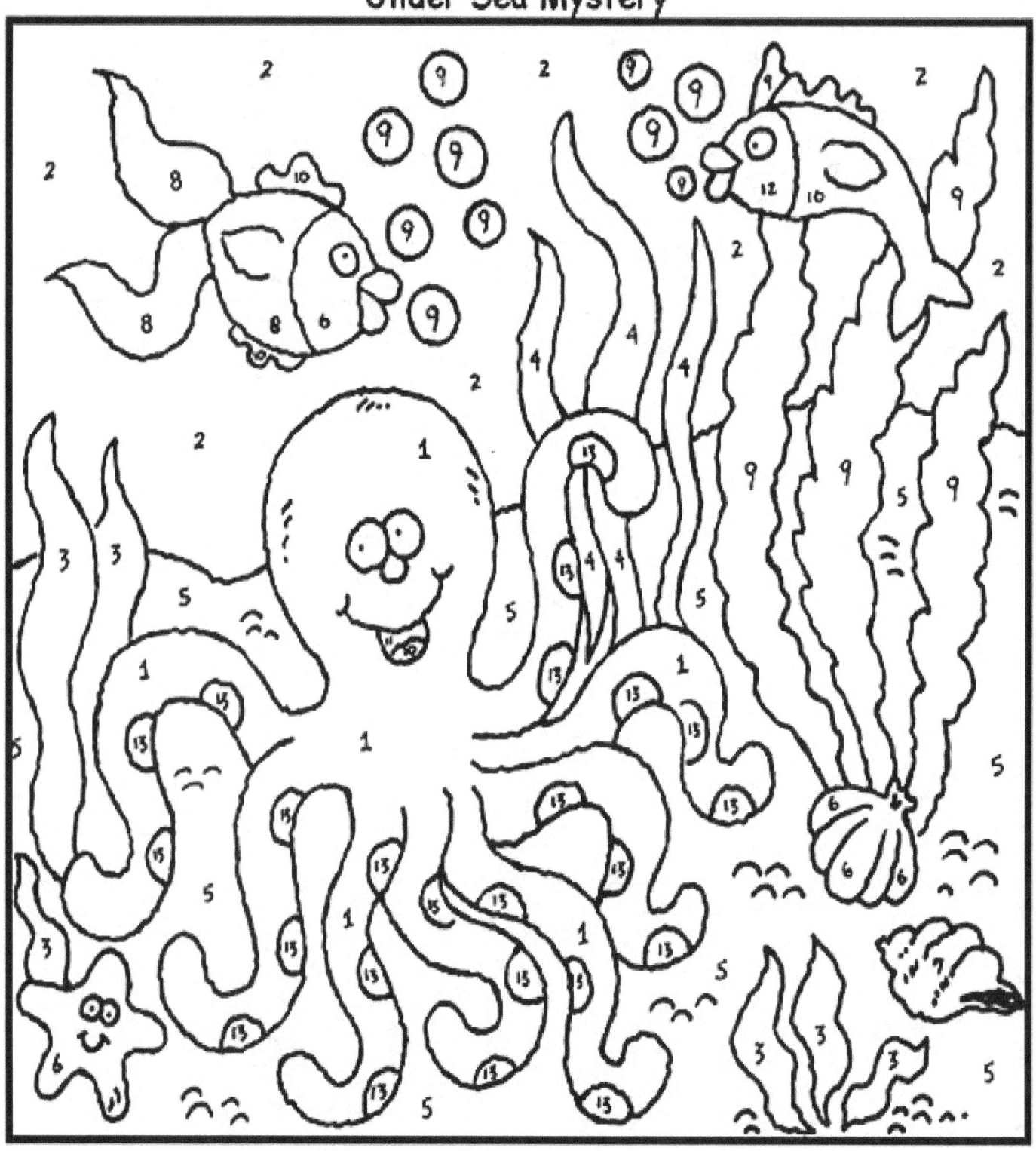

Use a different color crayon for each number.

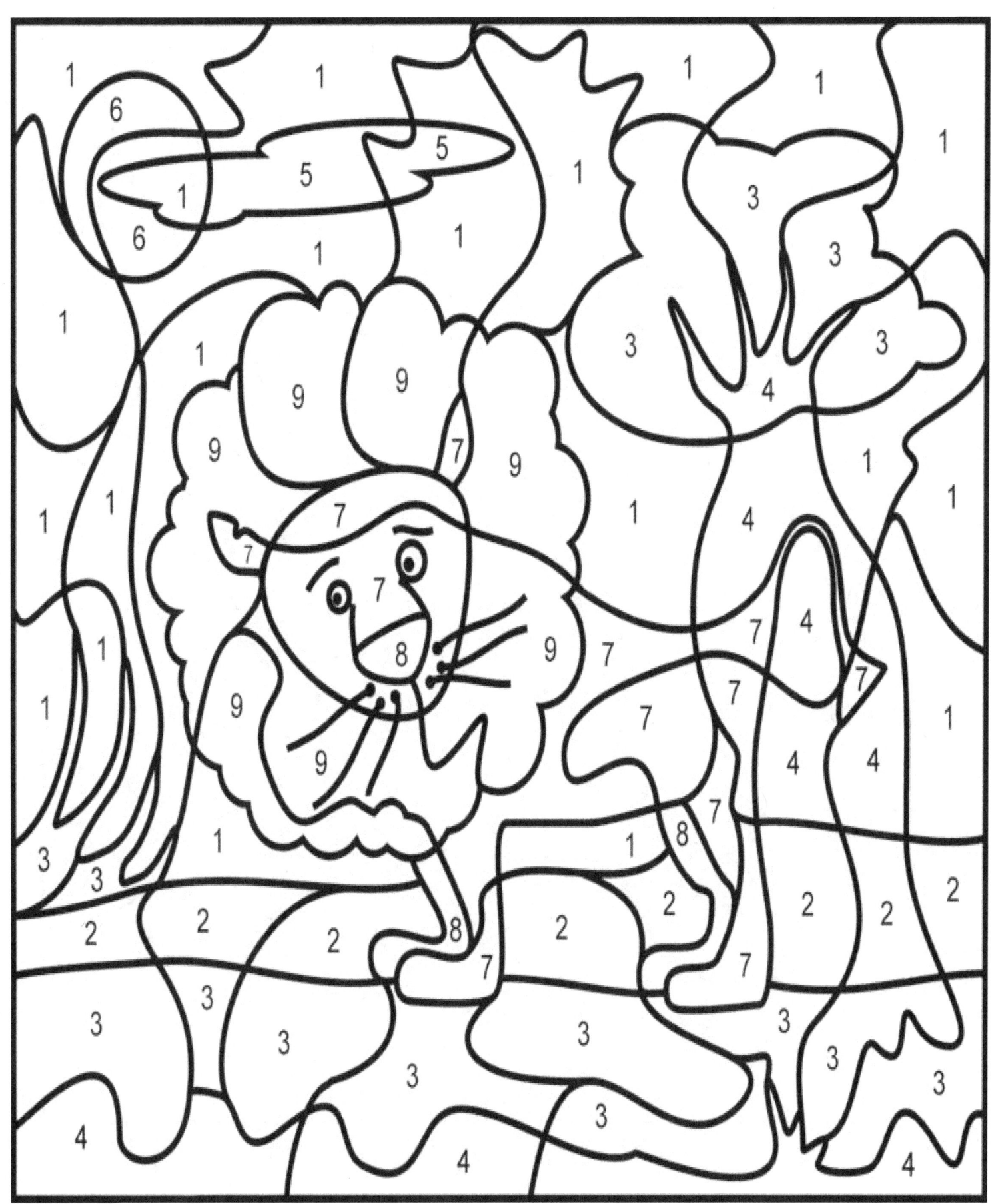

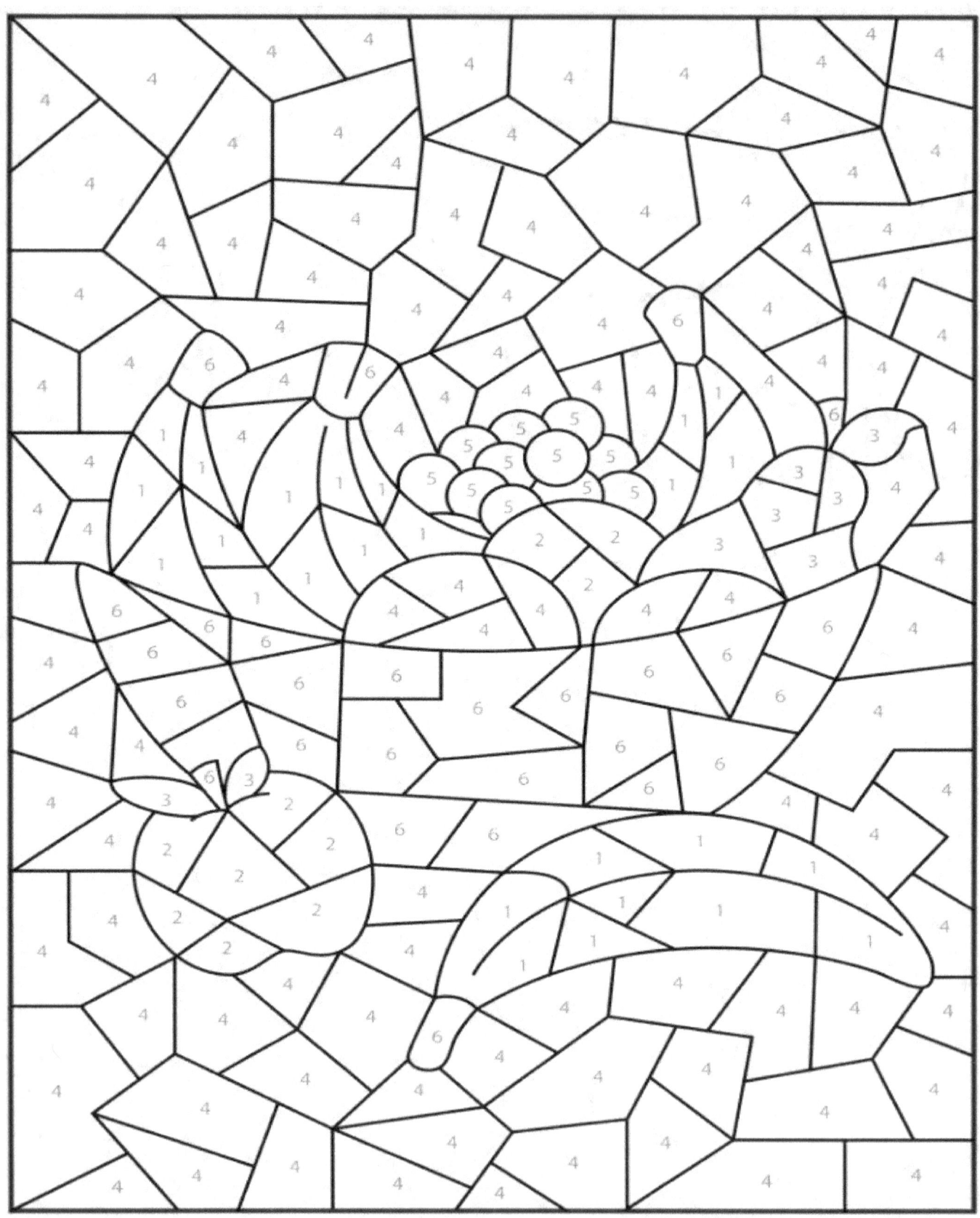

1. Yellow     2. Red     3. Green     4. Orange     5. Purple     6. Brown

# Make Your Own Color Code!

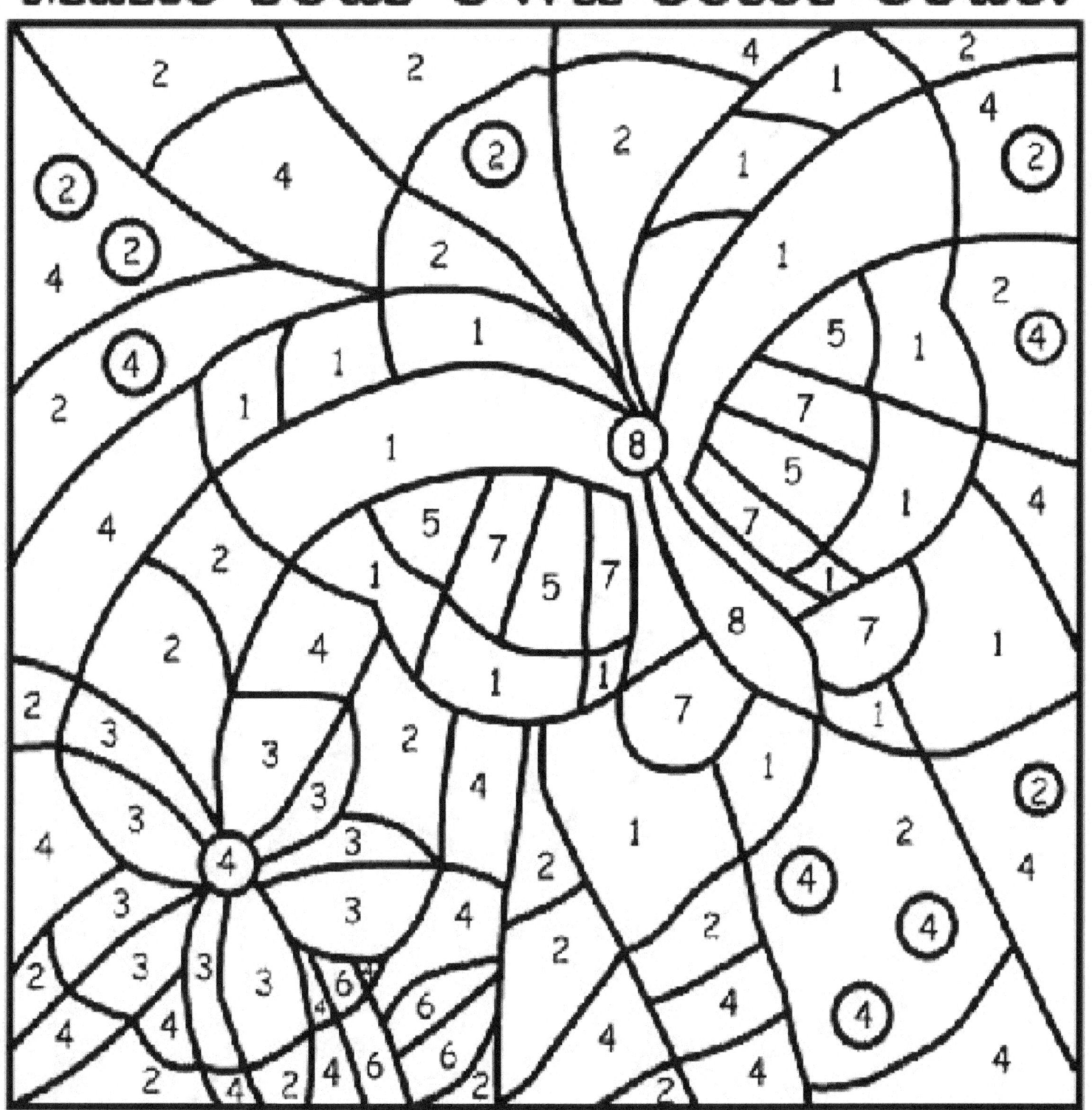

Can you see what this picture is? Color each number a different color to find out!
Make your own Color Code:   1=          2=          3=          4=
                             5=          6=          7=          8=

1- Yellow  2-Red  3-Green  4-Brown

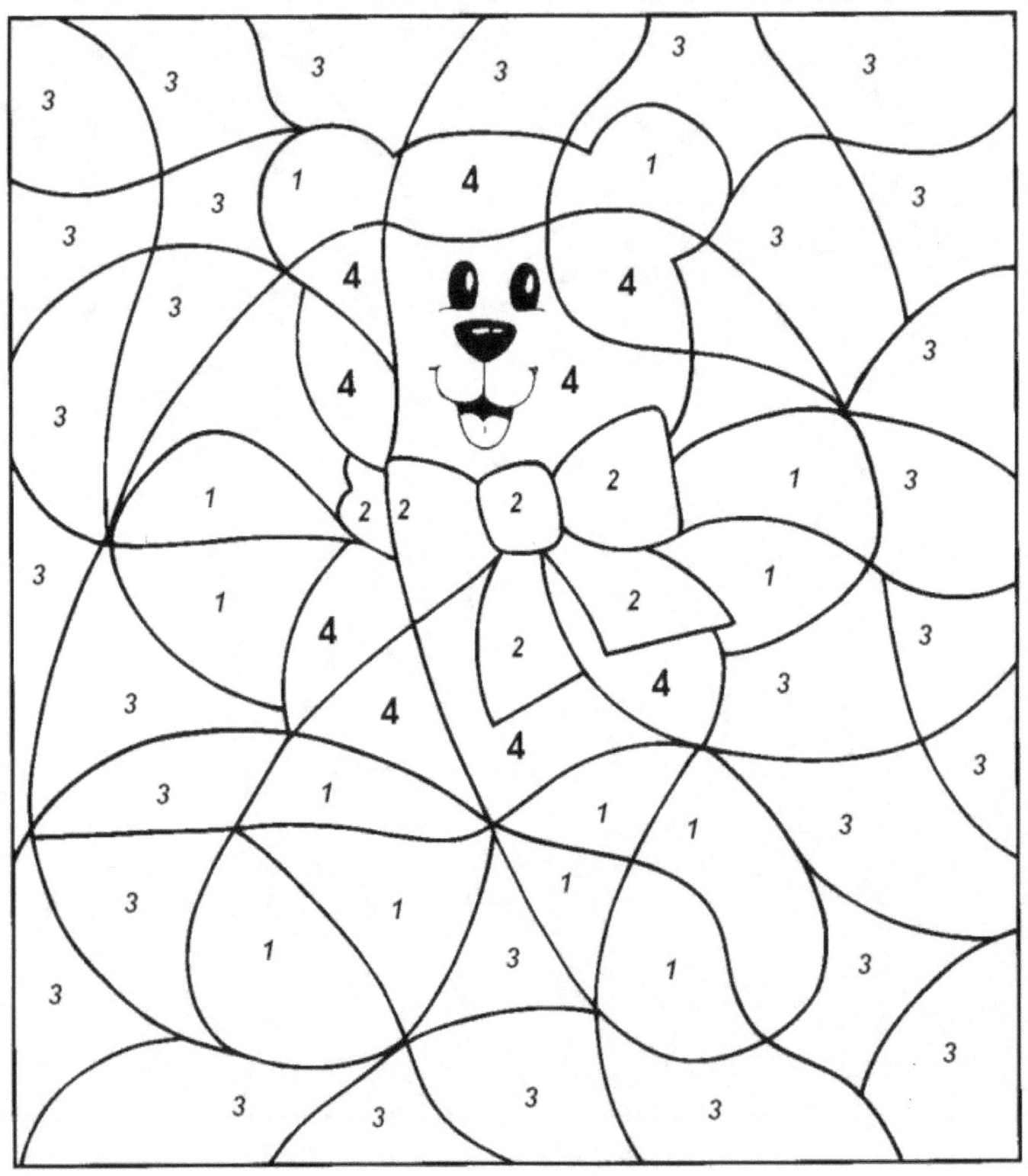

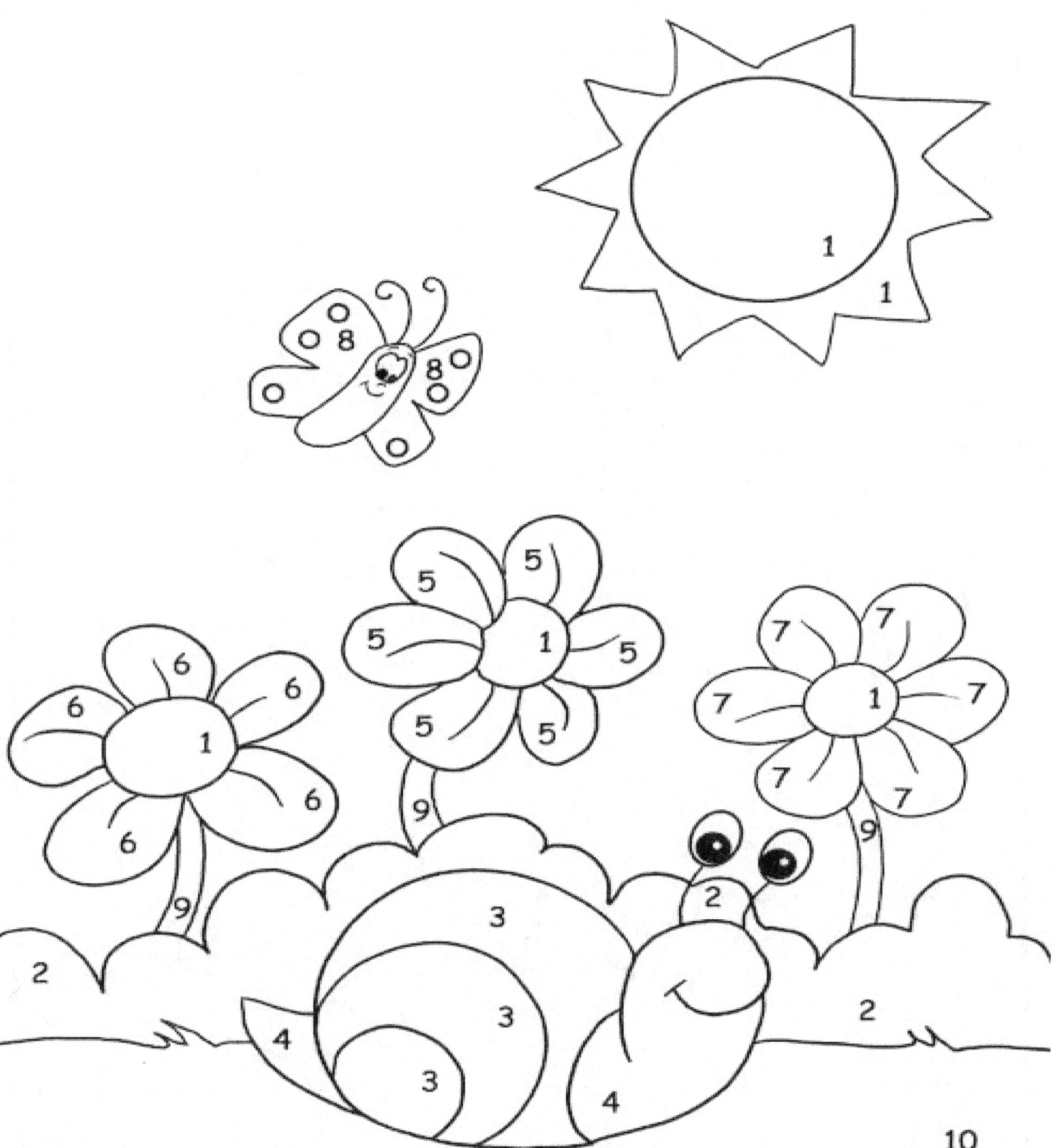

10

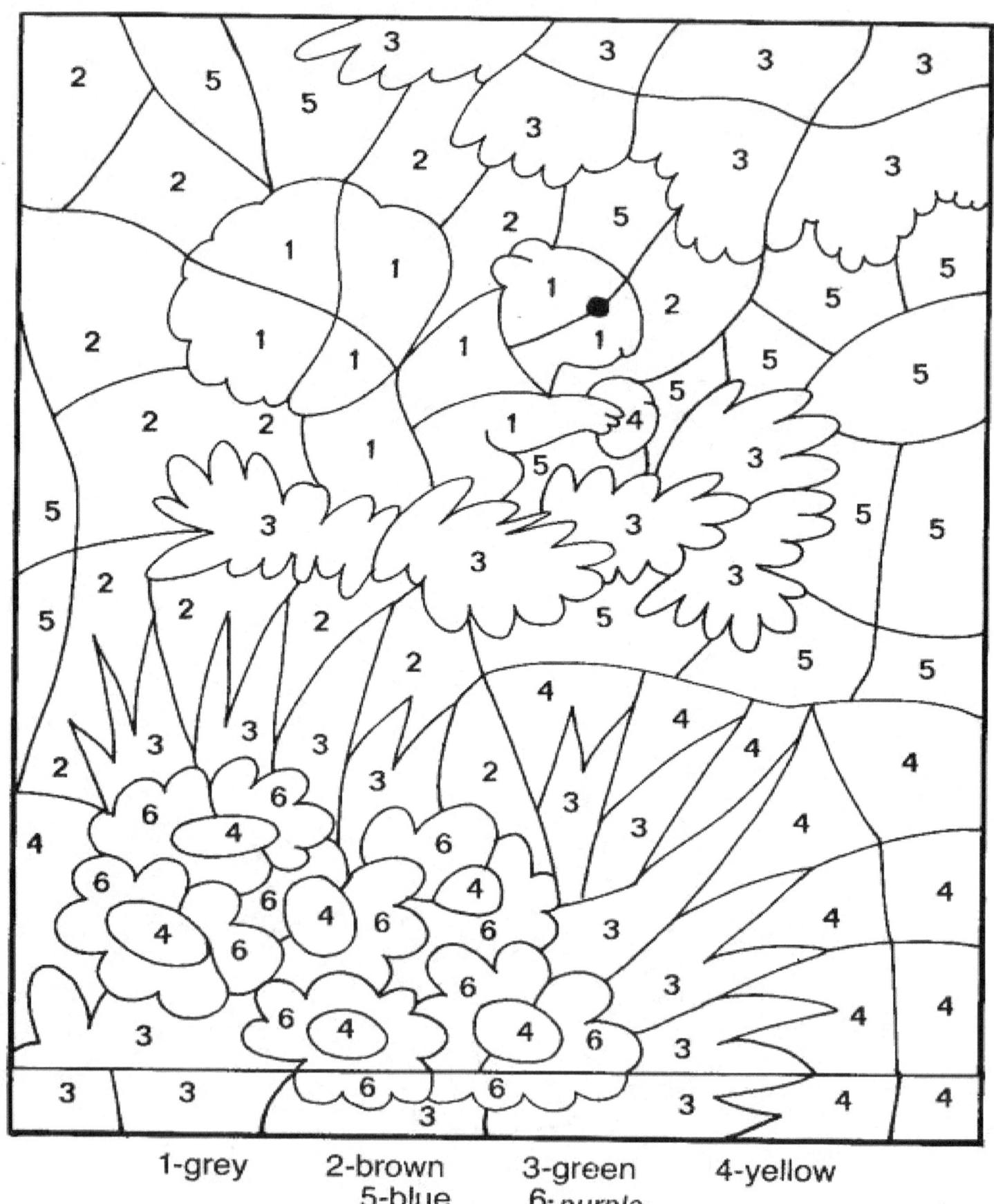

1-grey      2-brown      3-green      4-yellow

5-blue      6- *purple*

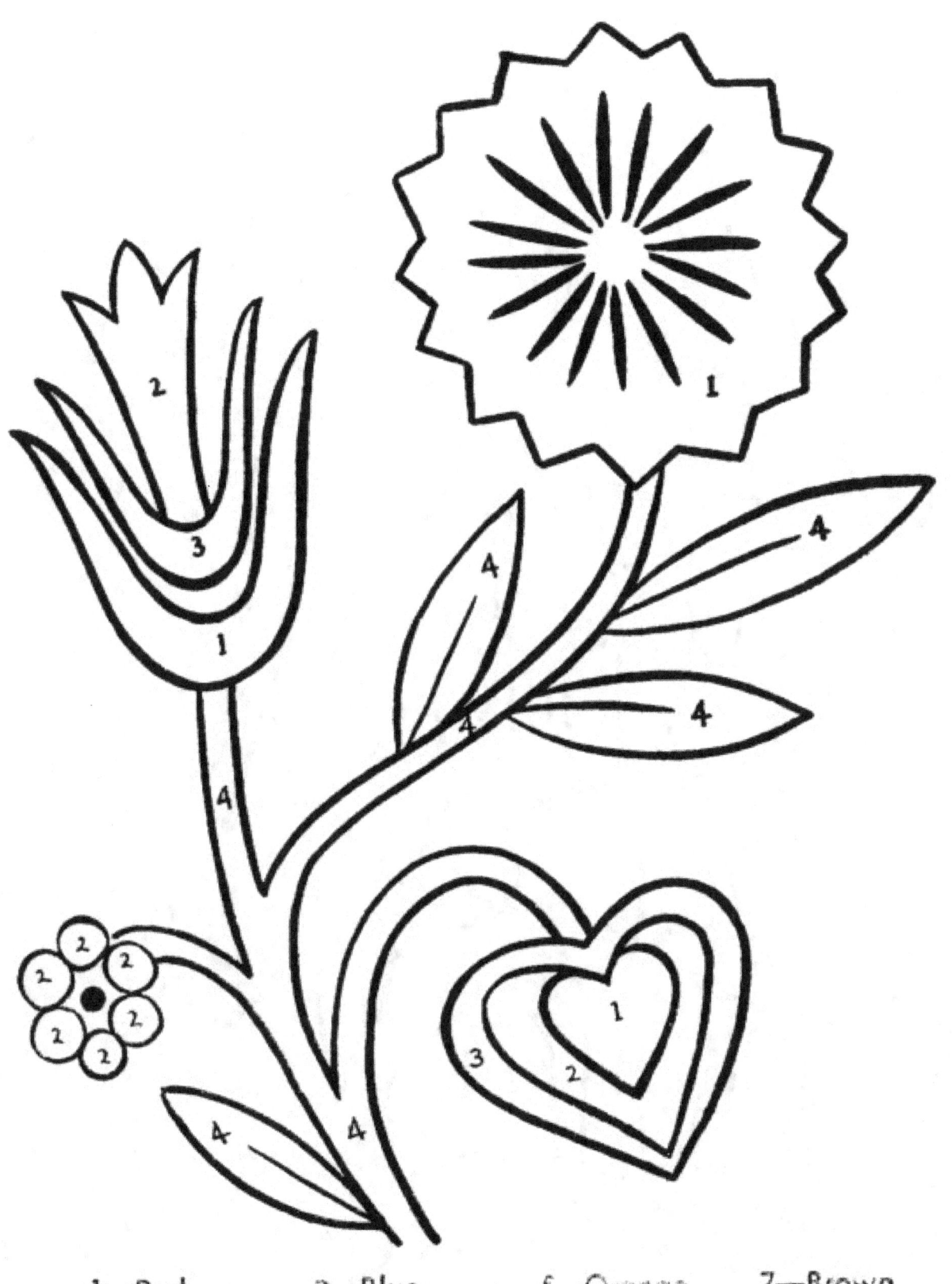

1—Red     3—Blue     5—Orange     7—Brown
2—Yellow     4—Green     6—Purple     8—Black

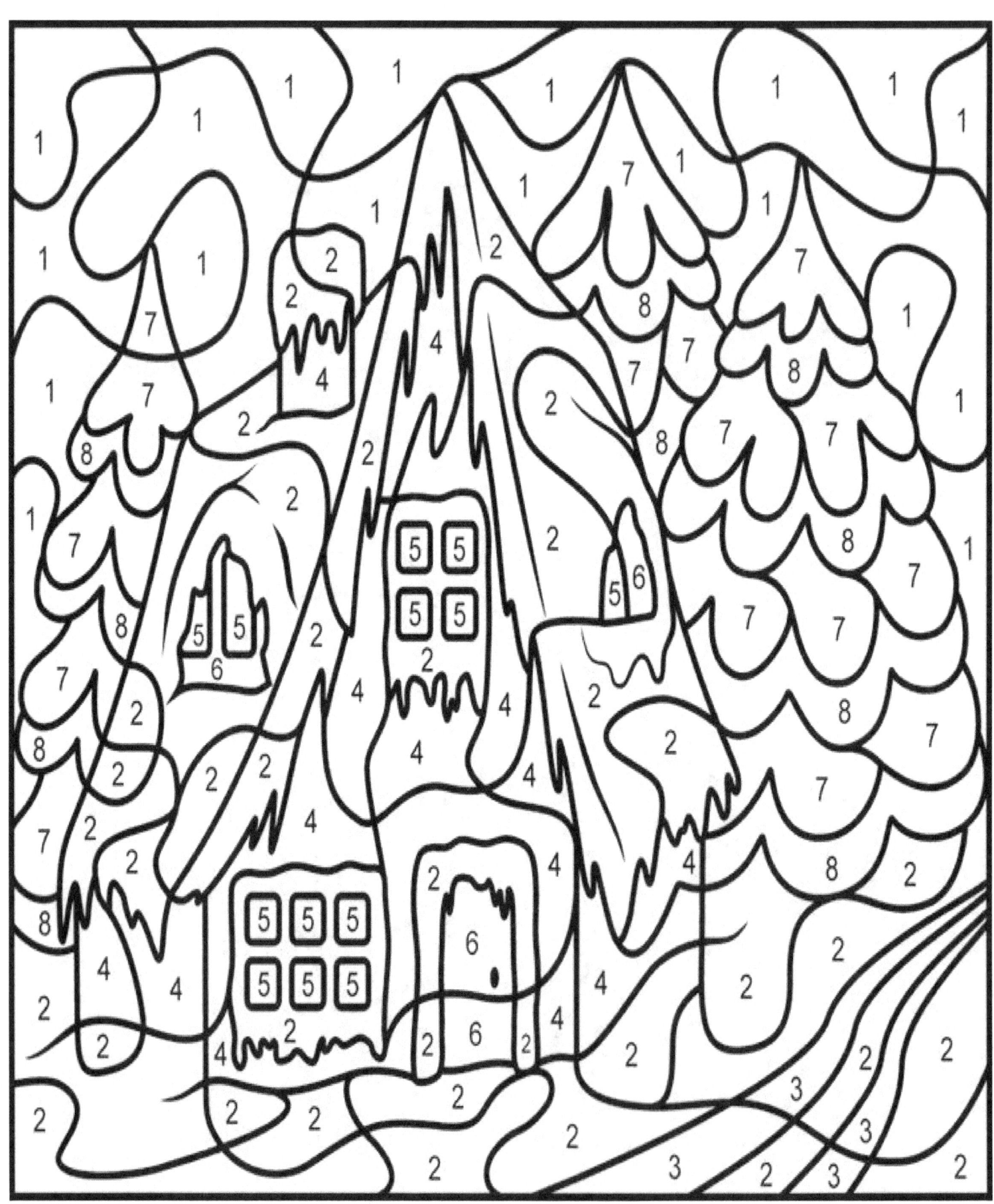

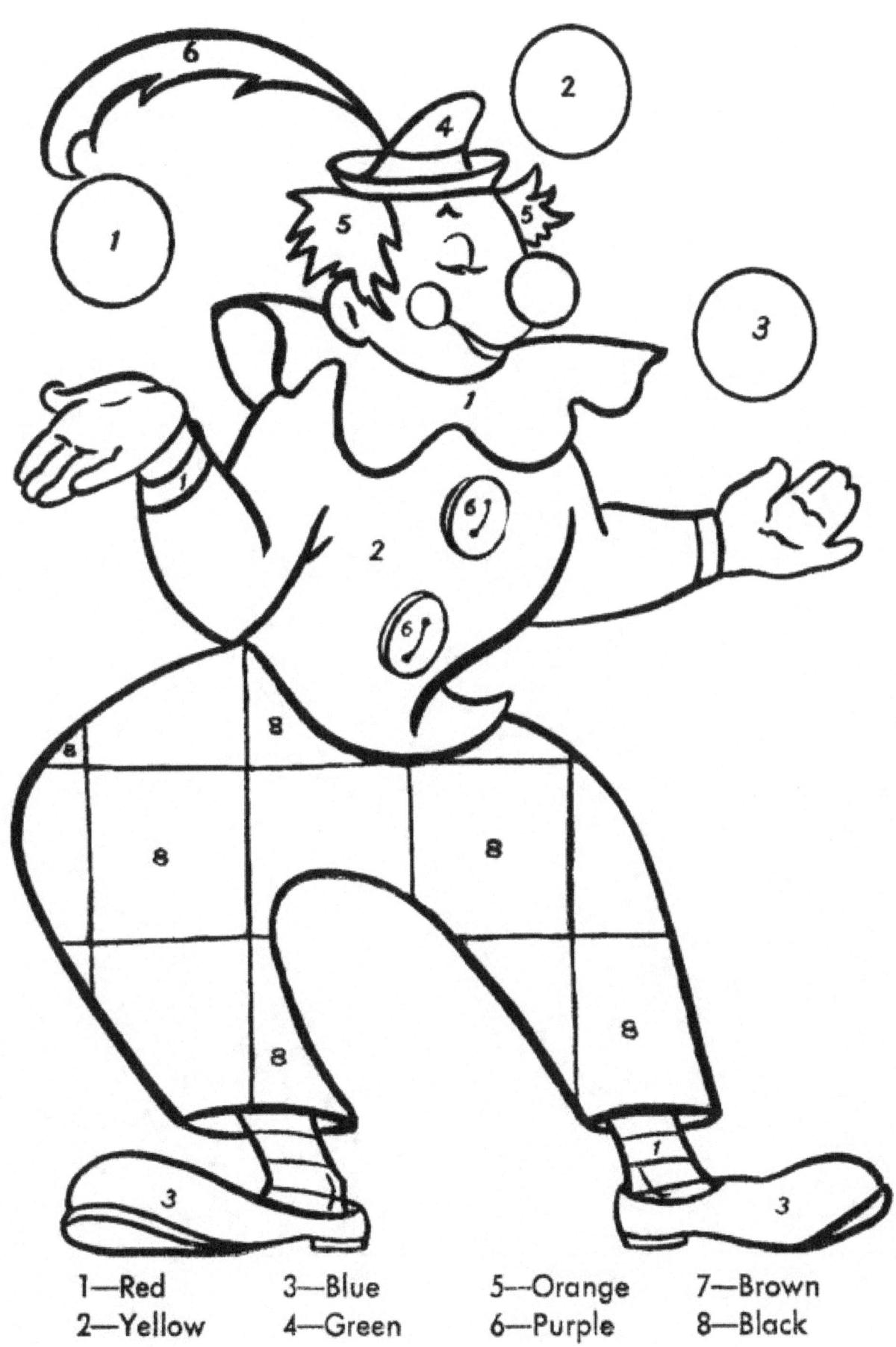

1—Red     3—Blue     5—Orange     7—Brown
2—Yellow     4—Green     6—Purple     8—Black

1-Gold  2-Green  3-Blue  4-Brown  5-Red  6-Yellow

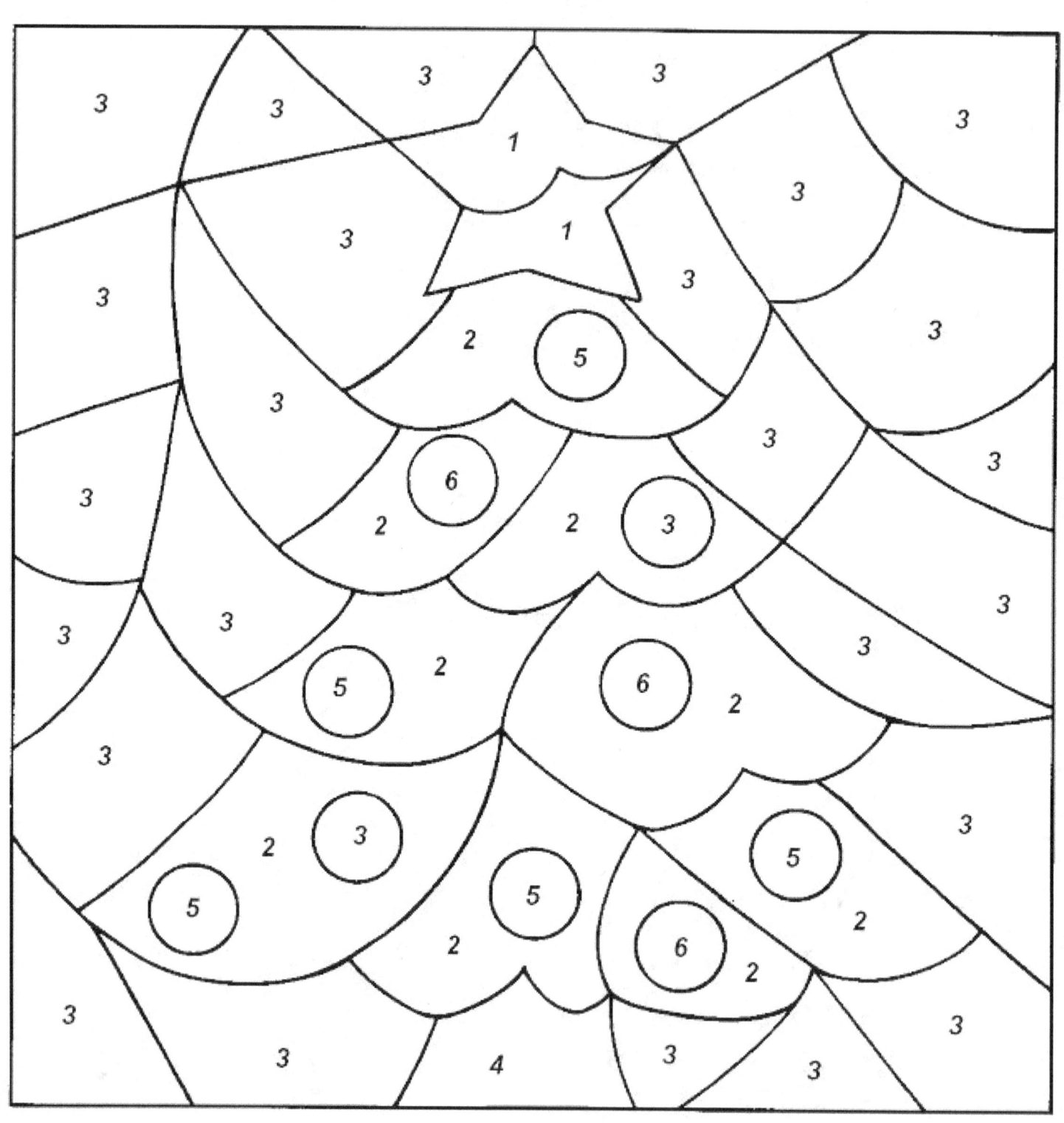

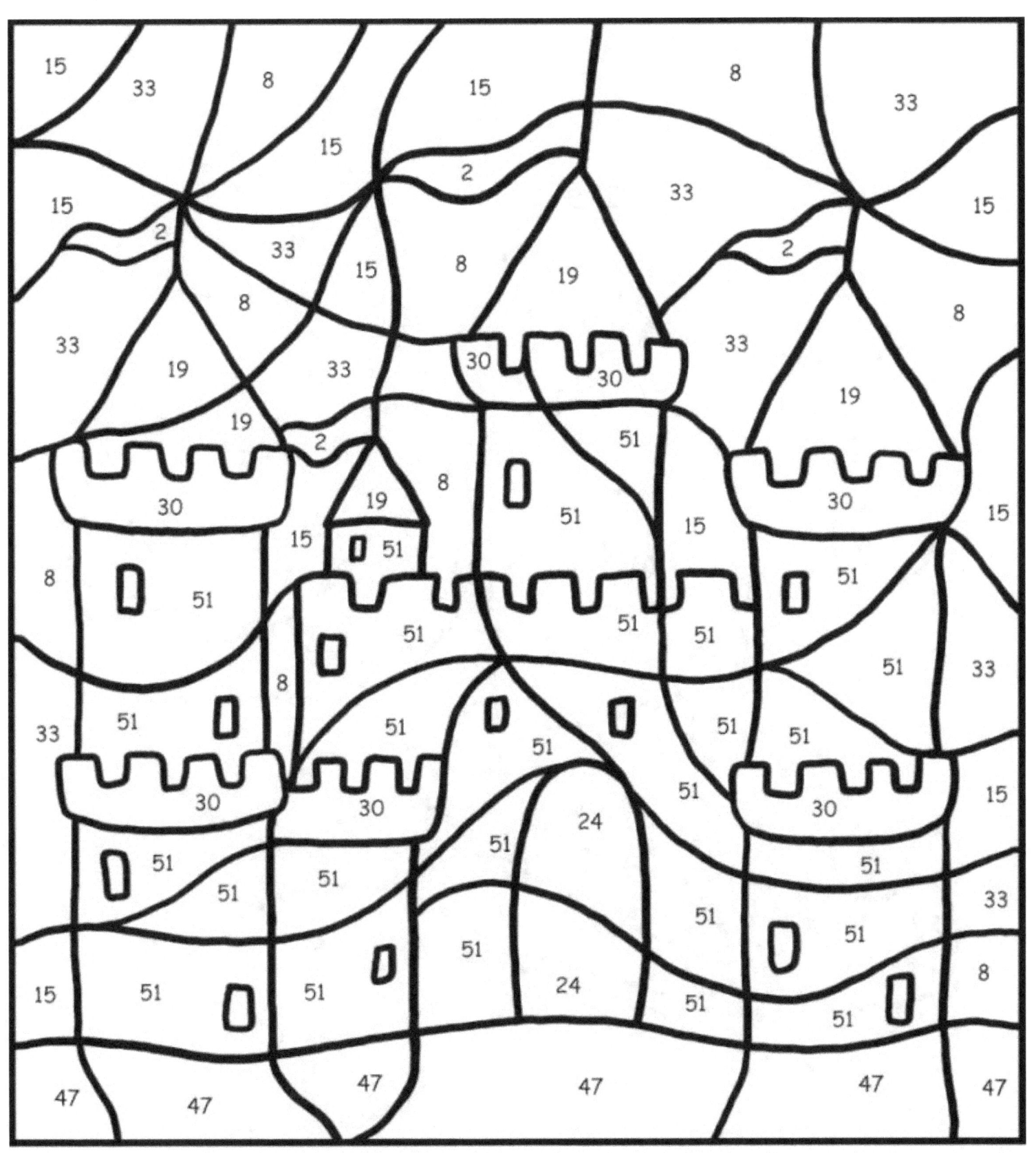

## What is hiding in those numbers?

2 - red, 19 - Blue, 24 - Black, 30 - Yellow, 47 - Green, 51 - Gray

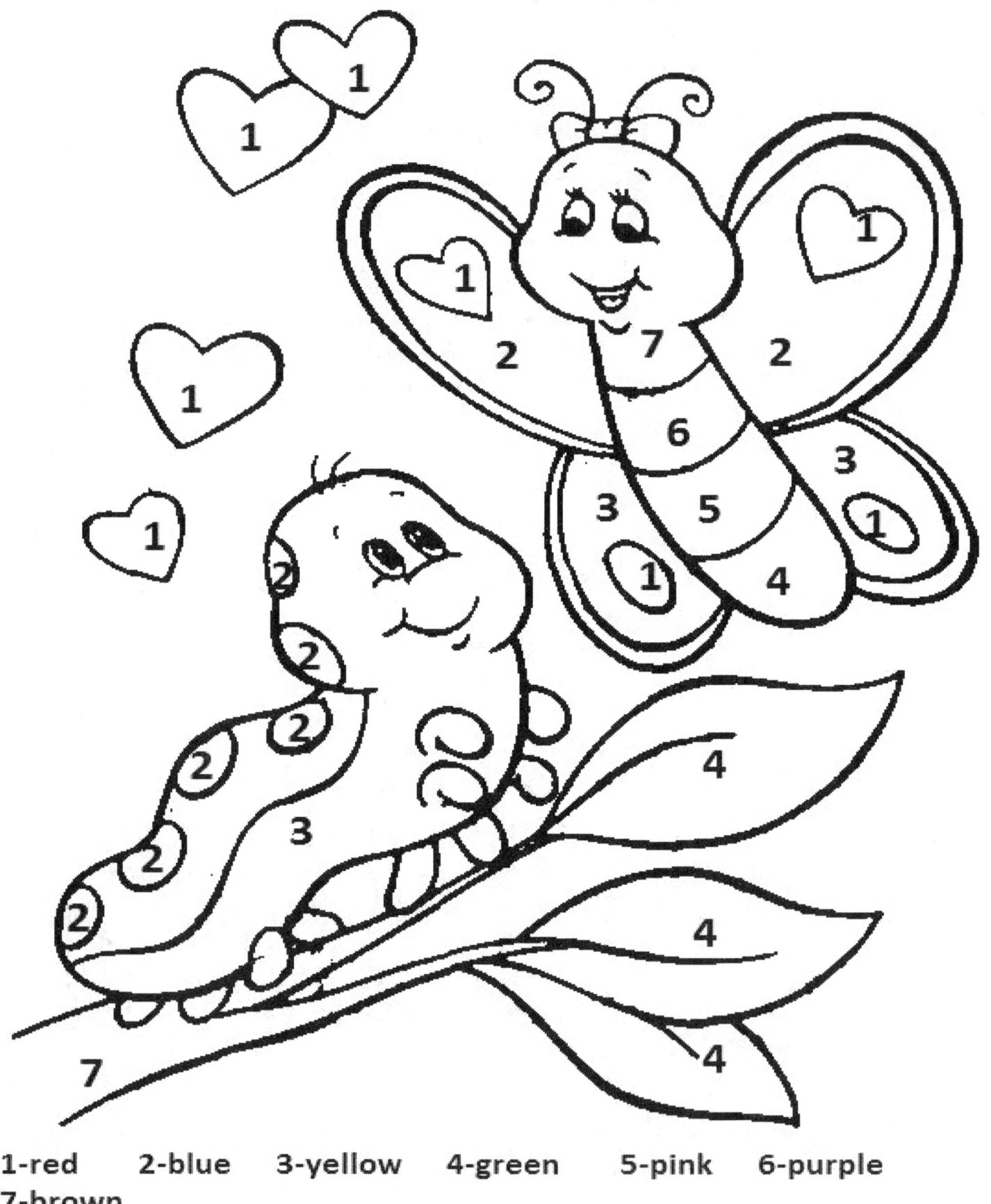

1-red     2-blue     3-yellow     4-green     5-pink     6-purple
7-brown

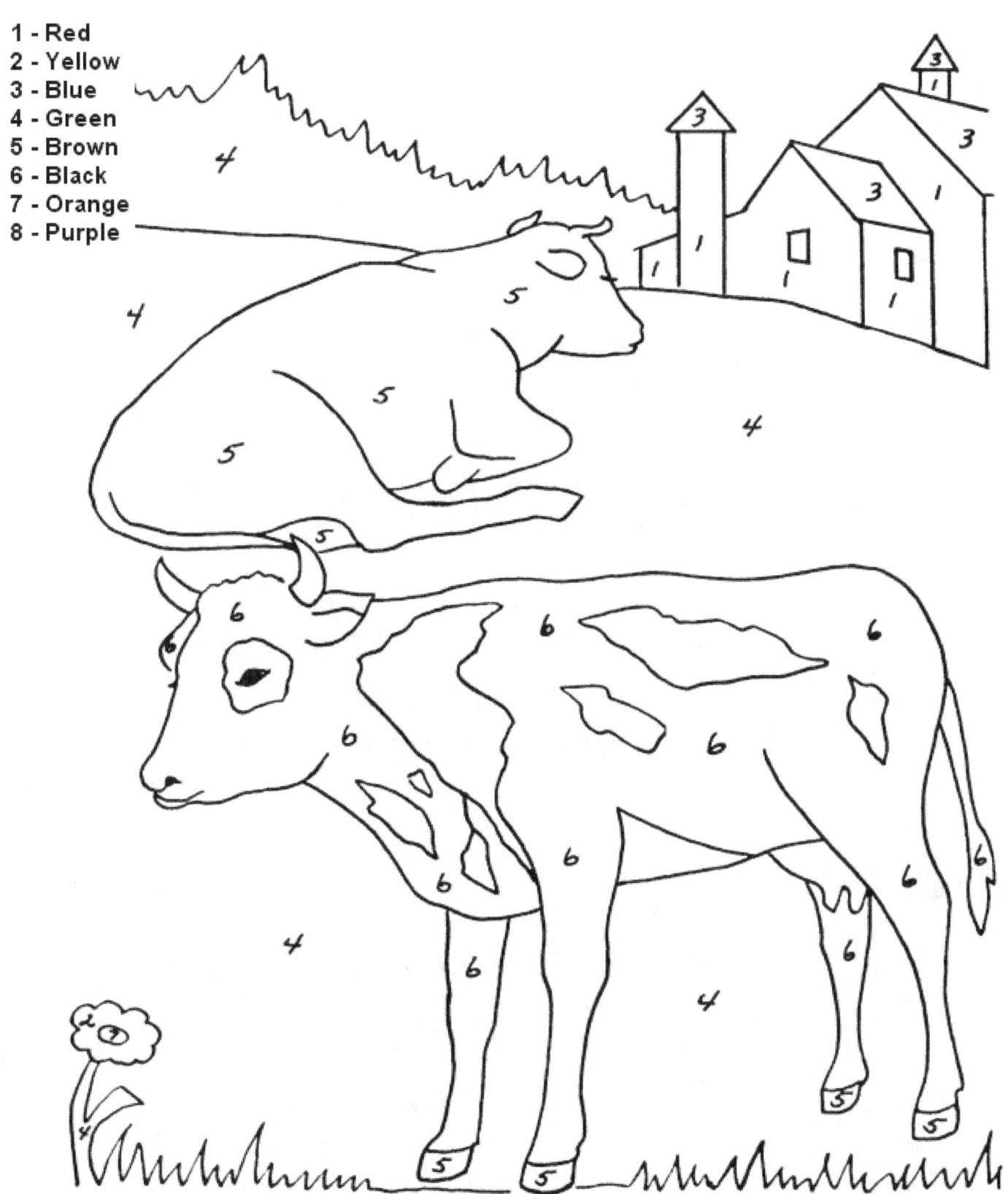

1 - Red
2 - Yellow
3 - Blue
4 - Green
5 - Brown
6 - Black
7 - Orange
8 - Purple

In the Pasture

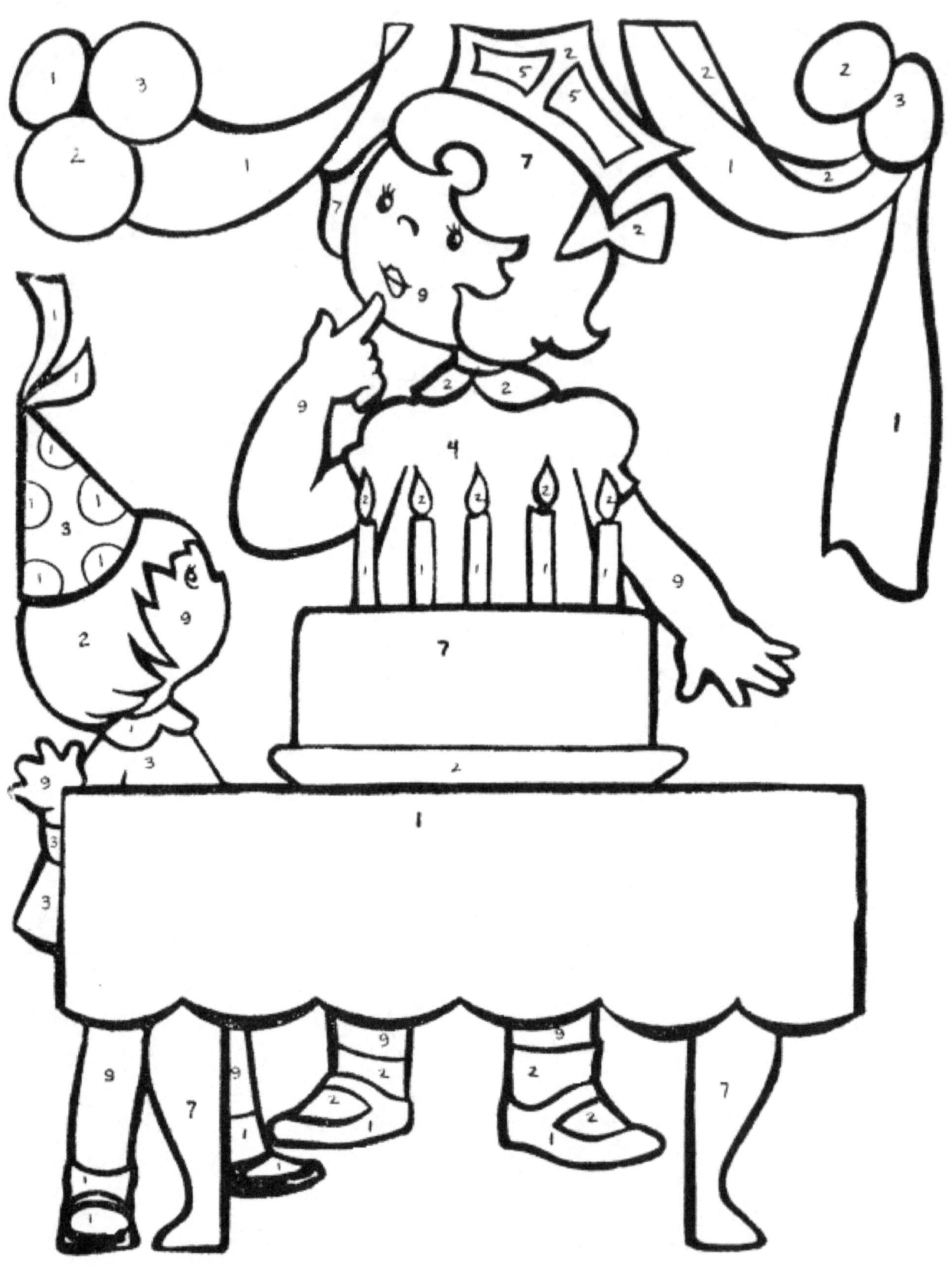

**1** - Red     **3** - Blue     **5** - Orange     **7** - Brown     **9** - Pink

**2** - Yellow     **4** - Green     **6** - Purple     **8** - Black     **10** - Gray